授業をグーンと
楽しくする
英語教材シリーズ
25

1日5分で
英会話の語彙力アップ！

中学生のための
すらすら英単語
2000

瀧沢広人・岩井敏行・小山田友美 著

明治図書

はじめに

> 書けなくてもいいから，言える単語を増やしたい！

　そう思って始めたのが，**「すらすら英単語」**である。

　ある年，中学2年生の男の子が韓国を旅し，韓国の中学生とホテルで一緒になった時の話を聞いた。彼が私に言った言葉は，

> 「韓国人って，コンセントとかの単語を知っているんだよ」

であった。**負けたくない！**と，正直思った。
　コンセントは，和製英語である。英語では，outlet と言う。
　私たち中学教師は，そのような「日常の単語」をどれくらい教えているだろうか。

　1つ前の学習指導要領では扱う単語数は，900語であった。
　その当時，私は，

> 中学3年間で，**2000語教えたい**

と思った。
　私はそれまで，娘のアメリカンスクールでの英語学習体験を含め，日本人の語彙力の少なさには，疑問を抱いていた。(参照『アメリカンスクールの英語学習はここが違う』瀧沢広人著，明治図書)
　外国の子どもであれば，当然知っているような言葉でも，日本では教えていないのである。
　例えば，動物では，「サイ」や「カバ」「ワニ」「ウシ」「ヒツジ」…。
　下手をすると，「ゾウ」や「キリン」「シマウマ」などの語すら，言えない生徒がいる。
　また，「楕円形」「丸」「四角」「長方形」など，幼児であれば，まず，形の言葉を覚えるのに，日本の教科書では扱わない。それっておかしくはないだろうか…。
　それで英語を勉強しました…と言えるのだろうか…。

現学習指導要領（平成20年版）では，扱う単語数が増えた。解説編では，次のように言う。

> 改訂前は「900語程度までの語」としていたが，今回の改訂で「1200語程度の語」とした。これは，語彙の充実を図り，（中略）一層幅広い言語活動ができるようにするためである。
> 　　　　　　　　　　　　　　　　　　　　　　　　（『中学校学習指導要領解説　外国語編』p.42）

当然である。英語学習に単語はどうしても必要である。
私も言語活動を子どもにやらせる時は，その活動で使える単語を教えてから活動に入った。
だから，本書のような内容を必要としたのである。

書けなくてもいいから，言える単語を増やす。

そう思って実践したのが本書「すらすら英単語」であり，これが「すらすら英会話」を支えていたと言っても過言ではない。（参照：『授業をグーンと楽しくする英語教材シリーズ24　5分間トレーニングで英語力がぐんぐんアップ！　中学生のためのすらすら英会話100』）

では，「すらすら英単語」には，英語授業においてどんな効果があるのだろうか…。

1つ目は，「授業が活気づく」ことである。
授業の最初に，この「すらすら英単語」を行う。
ペアになり，片方が日本語，片方が英語を言っていく。
それだけでも，授業の最初が盛り上がる。
英語の雰囲気になるのである。

2つ目は，「生徒の表現力が増える」ことである。
単語を知っていることは，たとえ書けなくても，言えれば，授業におけるコミュニケーション活動は，幅が広がる。
例えば，中学2年生で，比較級を学習する時に，形容詞を知らなければ，活動はできない。
big ／ small ／ high ／ low ／ tall ／ expensive ／ cheap ／ rich ／ pretty　など，形容詞60語である。
この60語を「すらすら英単語」で扱っておく。
もしくは，比較級に入る前に，計画的に指導しておく。
すると多様な表現活動ができるのである。

3つ目は，「すらすら英単語」を和英辞典代わりに利用できるのである。
　この「すらすら英単語」のシートは，ファイルに貼らせていく。
　すると，生徒は，わからない単語が出てくると，その紙をぺらぺらとめくり，単語を調べている姿が見られるのである。
　まさしく生徒は，「和英辞典」代わりに使っているのである。
　まして，「すらすら英単語」は，「分野」ごとに単語を並べているので，動詞なら動詞，形容詞なら形容詞，色なら色，動物なら動物，食べ物なら食べ物…というように，調べやすくなっているのである。

　本書は，すらすら教材の第2弾として，栃木県の岩井敏行氏，小山田友美氏の執筆協力で，作成に至った。
　指導方法ももちろん，大事であるが，適切な「教材」がなくては，指導できない。
　「指導法×教材」で，指導が可能になる。
　しかし，時に，教材を作成するのが意外と面倒であり，時間がかかる。
　まして，今回のような単語は，毎回，考えたり，作ったりするだけで，労力を使う。
　できることなら，すぐに取り出せ，コピーして活用できる教材を作りたい。
　そのようなコンセプトで，作ったものが本書である。

　また，本書に出てきた英単語と英熟語を索引としてまとめたINDEXは，以下のURL（明治図書ONLINEサポート情報）からダウンロードできる。ぜひ活用していただきたい。
　URL
　http://meijitosho.co.jp/097014#supportinfo

2013年10月

瀧沢広人

Contents

目次

はじめに （瀧沢広人） 2

Chapter 1 授業はじめのたった5分！簡単「すらすら英単語」の使い方 9

① すらすら英単語の基本形 10
② すらすら英単語に変化を付ける 11
③ チェックさせると早く覚える 12
④ すらすら英単語は，ファイルに貼る 13
⑤ すらすら英単語の変化技①　ジェスチャー 14
⑥ すらすら英単語の変化技②　動物クイズ 15
⑦ すらすら英単語の変化技③　すらすら英熟語 16

Chapter 2 中学3年間でこれだけは言えるようになりたい！「すらすら英単語」2000 17

すらすら英単語 ❶　動物 animal ① 18
すらすら英単語 ❷　果物 fruit & 味 taste 19
すらすら英単語 ❸　野菜 vegetable 20
すらすら英単語 ❹　身体 body parts ① 21
すらすら英単語 ❺　色 color & 形 shape 22
すらすら英単語 ❻　スポーツ sport 23
すらすら英単語 ❼　教室にあるもの① 24
すらすら英単語 ❽　教室にあるもの② 25
すらすら英単語 ❾　乗り物 vehicle 26
すらすら英単語 ❿　数字 number ① 27
すらすら英単語 ⓫　数字 number ② 28
すらすら英単語 ⓬　動作を表す言葉① 29
すらすら英単語 ⓭　動作を表す言葉② 30
すらすら英単語 ⓮　動作を表す言葉③ 31
すらすら英単語 ⓯　天気 weather 32
すらすら英単語 ⓰　楽器 instrument & 音楽 music 33

すらすら英単語 17	家族 family	34
すらすら英単語 18	クラブ活動 club activities	35
すらすら英単語 19	教科 subject & 学校生活 school life	36
すらすら英単語 20	「英検5級」によくでる外国人の名前①	37
すらすら英単語 21	「英検5級」によくでる外国人の名前②	38
すらすら英単語 22	ニックネーム Nickname	39
すらすら英単語 23	序数　何番目の①	40
すらすら英単語 24	序数　何番目の②	41
すらすら英単語 25	疑問詞	42
すらすら英単語 26	時 time ①	43
すらすら英単語 27	時 time ②	44
すらすら英単語 28	星座 sign & 占い fortune telling	45
すらすら英単語 29	月 month & 曜日 day of a week	46
すらすら英単語 30	日本の祝日，行事	47
すらすら英単語 31	アメリカの祝日，行事	48
すらすら英単語 32	宇宙 space・惑星 planet	49
すらすら英単語 33	国名 countries	50
すらすら英単語 34	外国の「首都」をいくつ言えますか？	51
すらすら英単語 35	国と人名	52
すらすら英単語 36	動詞①　1日の生活	53
すらすら英単語 37	動詞②　命令文でよく使う動詞	54
すらすら英単語 38	動詞③　現在進行形でよく使う動詞	55
すらすら英単語 39	動詞④　can と一緒によく使う動詞	56
すらすら英単語 40	数字 number ③	57
すらすら英単語 41	数字 number ④	58
すらすら英単語 42	形容詞①　人の特徴を表す言葉	59
すらすら英単語 43	形容詞②　物や形の様子を表す言葉	60
すらすら英単語 44	形容詞　反対語①	61
すらすら英単語 45	形容詞　反対語②	62
すらすら英単語 46	形容詞③　look と一緒によく使う形容詞	63
すらすら英単語 47	食べ物 foods	64
すらすら英単語 48	飲み物 drinks	65
すらすら英単語 49	デザート・他	66
すらすら英単語 50	家にあるもの①	67

すらすら英単語 51	家にあるもの②	電化製品	68
すらすら英単語 52	家にあるもの③	お風呂・洗面所	69
すらすら英単語 53	家にあるもの④	台所	70
すらすら英単語 54	家にあるもの⑤	部屋	71
すらすら英単語 55	家にあるもの⑥	衣類・収納	72
すらすら英単語 56	日常生活で使うもの		73
すらすら英単語 57	身につけるもの I wear... ~.		74
すらすら英単語 58	動物 animal ②		75
すらすら英単語 59	虫 bug		76
すらすら英単語 60	海・川にいる生き物		77
すらすら英単語 61	いろいろな数字		78
すらすら英単語 62	いろいろな数字　年号①		79
すらすら英単語 63	いろいろな数字　年号②		80
すらすら英単語 64	自然 nature		81
すらすら英単語 65	身体 body parts ②		82
すらすら英単語 66	身体 body parts ③		83
すらすら英単語 67	規則動詞　過去形		84
すらすら英単語 68	不規則動詞①		85
すらすら英単語 69	不規則動詞②		86
すらすら英単語 70	動詞⑤　過去進行形でよく使う動詞		87
すらすら英単語 71	動詞⑥　未来形でよく使う動詞		88
すらすら英単語 72	職業 job ①		89
すらすら英単語 73	職業 job ②		90
すらすら英単語 74	前置詞　場所を表すもの①		91
すらすら英単語 75	前置詞　場所を表すもの②		92
すらすら英単語 76	町にあるもの		93
すらすら英単語 77	時 time ③		94
すらすら英単語 78	比較級・最上級		95
すらすら英単語 79	不規則動詞③　受け身でよく使う動詞		96
すらすら英単語 80	現在完了形①　継続		97
すらすら英単語 81	現在完了形②　経験		98
すらすら英単語 82	現在完了形③　完了		99
すらすら英単語 83	形容詞④　It 構文でよく使う形容詞		100
すらすら英単語 84	make A B で使える語		101

すらすら英単語 85	アメリカの「州」には愛称がある・他	102
すらすら英単語 86	副詞	103
すらすら英単語 87	病気・他	104
すらすら英単語 88	身体のトラブル	105
すらすら英単語 89	植物 flower and tree	106
すらすら英単語 90	道案内	107
すらすら英単語 91	学校内にあるもの①	108
すらすら英単語 92	学校内にあるもの②	109
すらすら英単語 93	学校生活 school life	110
すらすら英単語 94	遊び amusement	111
すらすら英単語 95	地理	112
すらすら英単語 96	性格を表す言葉	113
すらすら英単語 97	評価する言葉	114
すらすら英単語 98	お出かけ	115
すらすら英単語 99	本 book・雑誌 magazine	116
すらすら英単語 100	プロフィール profile	117

英語コラム 小学校外国語活動により語彙力の幅が広がった！　118

Chapter 3 英検対策もできる！「すらすら英熟語」160　119

すらすら英熟語 1	「英検5級」によくでる熟語集①	120
すらすら英熟語 2	「英検5級」によくでる熟語集②	121
すらすら英熟語 3	「英検4級」によくでる熟語集①	122
すらすら英熟語 4	「英検4級」によくでる熟語集②	123
すらすら英熟語 5	「英検4級」によくでる熟語集③	124
すらすら英熟語 6	「英検4級」によくでる熟語集④	125
すらすら英熟語 7	「英検3級」によくでる熟語集①	126
すらすら英熟語 8	「英検3級」によくでる熟語集②	127

英語コラム 言葉の中にある文化　～小学校外国語活動「言語や文化への気づき」　128

おわりに（岩井敏行）　129

Chapter 1

授業はじめのたった5分！
簡単「すらすら英単語」の使い方

 # すらすら英単語の基本形

「すらすら英単語」のやり方は，すごく簡単である。
　まず，隣の人とペアになる。
　その後，ジャンケンをする。
　ジャンケンに勝った生徒は，日本語，負けた生徒は，英語を言っていく。
　この時，教師はBGMをかける。

　40秒くらいして，教師が，

> Let's change!

と言う。
　すると，生徒は，右隣に1つ席を移動する。
　そしてまた，ジャンケンをして，勝った生徒は，日本語，負けた生徒は，英語を言っていく。
　この繰り返しで，約5分，行うだけである。
　これが，「すらすら英単語」の基本形である。

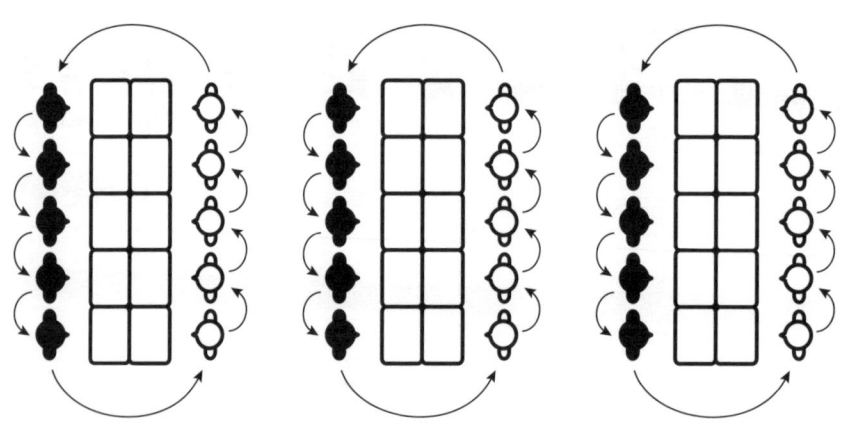

教師が Let's change! と言ったら，右に席を移動する

 すらすら英単語に変化を付ける

しかし，同じ方法では，生徒は飽きてしまう。
そこで，タスクの難易度を上げる。
例えば，

> ジャンケンに負けた人は，紙を見てはいけません。

とする。
すると，相手が言った日本語を，英語に瞬時に変える作業を行わせることができる。

また，それにも飽きてきたら，

> ジャンケンに勝った人は，順番通り問題を出すのではなく，適当に出しなさい。

と言って，今までは，1番から順番に言っていったが，10番を言ったり，4番を言ったり，8番を言ったり，バラバラで言わせる。
　生徒たちは，慣れてくると，相手が日本語で言わなくても，次の単語が何であるか，知らず知らずのうちに覚えていってしまうのである。

　つまり，日本語から英語への転換作業がなされない場合が出てくるのである。
　そこで，バラバラに問題を出すことを，変化技の1つとして取り入れる。

3 チェックさせると早く覚える

　さて，私が最初に行った「すらすら英単語」は，ペアでやっているうちに，自然と英単語を覚えられるという理想を抱いていた。
　つまり，語彙に慣れ親しませていくうちに，徐々に覚えていける…という理想を抱いていた。だから，1枚の紙を7時間，8時間と長く使っていたのである。
　しかし，それでは，当然，理想の2000語に届かない。
　2000語にするには，1週間に1枚，終わらせるペースでやっと2000語である。
　そこで，早く次の紙に，移るために，ペアでチェックをすることにしたのである。
　すると，なんと，生徒は意外と早く覚えている事実に気づいた。
　何度も何度も同じものを，繰り返す"不必要性"を感じた。
　そこで，時には，「すらすら英単語」の活動の後，隣同士，チェックさせるようにした。
　授業では，次のように言う。

> 　The students sitting on the right, stand up.
> 　Give your file to your partner.
> 　The sitting students say Japanese, and the standing students say them in English.
> 　And if your partner can say the word, you make a circle near the Japanese, like this.
> 　（と言って，黒板に見本を見せる）
> 　If your partner can not say, write a cross.
> 　（と言って，黒板に見本を見せる）ペアがしっかり言えたら，その語の隣に○を書き，間違えたら×を書いてあげる。

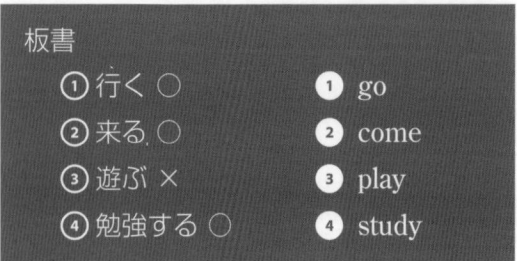

　このように評価していくと，たとえ初めてやった単語リストであっても，20個全部言えてしまう生徒が出てくる。生徒の若さは，偉大である。

4 すらすら英単語は，ファイルに貼る

・単なるプリント保管のためでなく，活用型のファイルを持たせる！

　さて，「すらすら英単語」をまず配ったら，その場で，ファイルに貼らせる。

　私は英語の授業でファイルを持たせていた。穴をあけたプリントを綴じ込むためのものである。しかし，当時の私は，ただプリントを綴じ込むだけのファイルにむなしさを感じていた。

　なんとか活用型のファイルが作れないだろうか。

　そこで私が考えたのは，永久保存版のページである。

　生徒が必要としている情報は，ぱっと見えるところに貼っておく方がいい。

> ここが空いている！

と，私は思った。ファイルの表表紙，裏表紙の裏面の活用を考えたのである。

　表表紙の裏面には，「すらすら英会話」を，裏表紙の裏面に本書の「すらすら英単語」を貼ることにしたのである。

こちら側に「すらすら英会話」
↓

↑
こちら側には「すらすら英単語」

　さらに私は，この「すらすら英単語」に「カタカナ」を付けたプリントも用意した。

　実際，授業でやってみると，これが非常に便利であることを知った。

　私が習熟度別の基礎コースの生徒たちを教えていた時，プリントの表には，普通の「すらすら英単語」を印刷し，裏には，「カタカナ付きのすらすら英単語」を印刷して配った。

　そして生徒には，好きな方を表にして，ファイルに貼らせた。

　つまり，「カタカナ付き」か，「カタカナ無し」かを生徒に選ばせたのである。

 **すらすら英単語の変化技①　ジェスチャー**

授業の原則の1つに,

> 変化のある授業をせよ

というのがある。(参照:『続・中学英語50点以下の生徒に挑む』瀧沢広人著,明治図書)
　そこで時には,変化技で,

> ジャンケンに勝っちゃった人は,立ちます。
> 今度は,日本語で言うのではなく,(間を空けて)…ジェスチャーをします!
> (生徒は,「えーーー」と言う)
> 負けた人は,どんな単語か当てます。

と言う。もちろん1番から順番にやっていくのではなく,バラバラにジェスチャーをしていく。
　例えば,動詞編で右のような英単語であれば,立っている生徒は「勉強しているようなジェスチャー」をし,座っている人は,"study" と言う。今まで日本語で言っていたものを,今度はジェスチャーで示すのである。これは,意外と面白い。

①泳ぐ	❶ swim
②聞く	❷ listen
③歩く	❸ walk
④勉強する	❹ study

　さらに展開によっては,現在進行形でも使える。立っている生徒はジェスチャー,座っている生徒は以下のように言えば,現在進行形の文を言うことになる。

> You are studying.
> You are walking.
> You are swimming.

逆に,片方がジェスチャーをして,それを見たもう片方の生徒が,

> Are you studying?　(と質問し,当たっていたら)
> Yes, I am.

と言って,制限時間内にいくつ当てることができるか,ゲーム性を持たせることもできる。
　1つの「すらすら英単語」から,いろいろな活動に変化転用することができるのである。

6 すらすら英単語の変化技② 動物クイズ

　本書で言う，「すらすら英単語①」には，「動物の名前」が20個入っている。これを中学2年生で扱った。（p.18）

　語彙を学習した後，ちょうど，ALTが来ていたので，以下のようにクイズを出してもらった。動物クイズである。

```
    ALT : This animal is big.
          （生徒は，手をあげる）
Student : Giraffe.
    ALT : No.... It runs fast.
Student : Fast????
Student : Tiger?
    ALT : No.... It is grey and has
          a long nose.
Student : Elephant!
    ALT : Bingo!
```

　私は，ポイントを黒板に書き，この時は，男子チーム vs. 女子チームで行った。
　発言したら，外れても2点。正解すれば，5点とした。
　このようなクイズでも，動物名を指導していなければ，生徒は英語では言ってこない。
　「すらすら英単語」は，「使ってこそ，価値ある活動」である。
　どのように活用するか，その変化技は，多様である。
　本書では，言語活動がしやすいように，語彙を抽出してある。
　例えば，「昨日の夜，何していた」という過去進行形の学習には，過去進行形でよく使用する語彙を集めている。（p.87）
　だから，その文法事項に入る前に，すらすら言えるようにしておくと，その先の言語活動がやりやすくなる。
　語彙を指導し，文型を指導し，そして，活動を行い，Input ⇨ Output，そして，使った英語が，生徒の脳細胞に，Intake できるようにしていくことが，「役に立つ英語」「実践的コミュニケーション能力」「使える英語」の指導につながると考える。
　授業が活気づき，そしてその後のコミュニケーション活動に弾みがつく。
　ここ数年のヒット教材だと思っている。

すらすら英単語の変化技③　すらすら英熟語

　さて、この「すらすら英単語」の単語の部分を「熟語」にしたらどうだろうか…。
　中学生にとって、覚えなくてはいけない熟語がある。
　単語以外にも、大切な熟語はある。
　look と for の意味はそれぞれわかっても、look for になると、特有の意味になる。
　そんな英熟語を一覧にして生徒に与えることも可能である。
　英検では、残念ながら教科書にまだ出てこない熟語も出る。
　そんな時、英検前に、数週間かけて、授業中、ペアで、片方が日本語、片方が英語を言いながら、いくつかの英熟語を生徒は覚えることができるだろう。
　何も、この「すらすら」の学習システムは、英単語に限ったことではない。
　英熟語でも可能なのである。
　また、本書では取り上げてはいないが、
　「数えられない名詞の時の a pair of ～、a sheet of ～、a cake of ～ などの表現一覧」
　「動物の鳴き声」
　「場面会話に必要な決まり文句」
など、一度このシステムが定着すれば、生徒はそれに準じて動ける。
　そして、英語にとっての「確かな学力」が必ず定着する。
　本書の Chapter 3 では、「英検対策もできる！　すらすら英熟語160」と題し、熟語を扱っている。
　実際に英検で出題された熟語を取り上げているので、英検対策にもなるだろう。

　さて、英語の授業では、やらなくてはいけないことが、たくさんある。
　一生懸命に工夫すればするだけ、授業時間が足りなくなる。
　どこかで、何かを削らないといけない。
　今の目の前の生徒たちを見て、「何を重点目標にしようか」「何が生徒にとって今の時期、必要なのか」を考え、「あれもこれも…」ではなく、今学期は、「これを身につけさせよう…」「こんな力を付けたいな～～～」と重点化を図るべきものだと思う。
　アイデアはふつふつと湧いてくる。
　そのアイデアを授業の中で、どう絡み合わせ、組み立てていくかは、教師のマネージメント力にかかっている。
　本書もアイデアの1つとして、上手に授業に組み込み、生徒の不断の英語力向上に向けて、日々、実践に取り組んでいただきたいと思う。

Chapter 2

中学3年間でこれだけは
言えるようになりたい！
「すらすら英単語」
2000

すらすら英単語 ①

動物 animal ①

①	イヌ	①	dog
②	ネコ	②	cat
③	ウサギ	③	rabbit
④	サル	④	monkey
⑤	ウマ	⑤	horse
⑥	ウシ	⑥	cow
⑦	ヒツジ	⑦	sheep
⑧	ヤギ	⑧	goat
⑨	ゾウ	⑨	elephant
⑩	シマウマ	⑩	zebra
⑪	キリン	⑪	giraffe
⑫	ゴリラ	⑫	gorilla
⑬	カンガルー	⑬	kangaroo
⑭	パンダ	⑭	panda
⑮	キツネ	⑮	fox
⑯	トラ	⑯	tiger
⑰	ライオン	⑰	lion
⑱	ブタ	⑱	pig
⑲	ニワトリ	⑲	chicken
⑳	ラクダ	⑳	camel

＼言ってみよう！／

Do you have a dog?   Yes, I do. ／ No, I don't.

 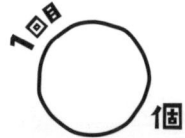  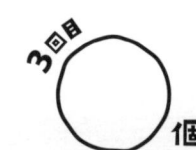

すらすら英単語 ②　氏名

果物 fruit & 味 taste

【果物】
1. リンゴ
2. イチゴ
3. レモン
4. メロン
5. スイカ
6. 梨
7. さくらんぼ
8. 柿
9. ぶどう
10. パイナップル
11. オレンジ
12. グレープフルーツ
13. キウイ
14. パパイヤ
15. マンゴー
16. 桃
17. バナナ

【味】

18. 甘い
19. すっぱい
20. 苦い

1. apple
2. strawberry
3. lemon
4. melon
5. watermelon
6. pear
7. cherry
8. persimmon
9. grapes
10. pineapple
11. orange
12. grapefruit
13. kiwi
14. papaya
15. mango
16. peach
17. banana

18. sweet
19. sour
20. bitter

＼言ってみよう！／

What fruit do you like?　　I like grapes.

何個言えた？

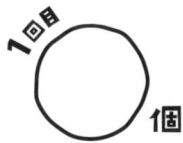

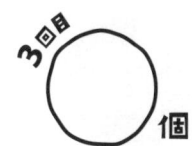

すらすら英単語 3

野菜 vegetable

① トマト
② キャベツ
③ にんじん
④ タマネギ
⑤ ほうれん草
⑥ カボチャ
⑦ レタス
⑧ 大根
⑨ ねぎ
⑩ きゅうり
⑪ ピーマン
⑫ きのこ
⑬ ナス
⑭ もやし
⑮ じゃがいも
⑯ さつまいも
⑰ にんにく
⑱ しょうが
⑲ ニラ
⑳ とうがらし

① tomato
② cabbage
③ carrot
④ onion
⑤ spinach
⑥ pumpkin
⑦ lettuce
⑧ radish
⑨ Welsh onion
⑩ cucumber
⑪ green pepper
⑫ mushroom
⑬ eggplant
⑭ bean sprouts
⑮ potato
⑯ sweet potato
⑰ garlic
⑱ ginger
⑲ leek
⑳ red pepper

言ってみよう！

What vegetables do you like?   I like cucumbers and carrots.

何個言えた？

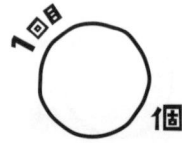

すらすら英単語 ④

身体 body parts ①

①	頭	①	head
②	肩	②	shoulder
③	ひざ	③	knee
④	つま先（足の指）	④	toe
⑤	目	⑤	eye
⑥	耳	⑥	ear
⑦	鼻	⑦	nose
⑧	口	⑧	mouth
⑨	首	⑨	neck
⑩	顔	⑩	face
⑪	髪の毛	⑪	hair
⑫	腕	⑫	arm
⑬	ひじ	⑬	elbow
⑭	手	⑭	hand
⑮	指	⑮	finger
⑯	手のひら	⑯	palm
⑰	脚	⑰	leg
⑱	足（複数2本以上）	⑱	foot（feet）
⑲	背中	⑲	back
⑳	くるぶし	⑳	ankle

＼言ってみよう！／

How many legs does a monkey have? It has 2 legs.

何個言えた？

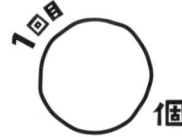 1回目 個

 2回目 個

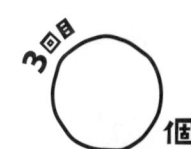 3回目 個

すらすら英単語 5

色 color & 形 shape

【色】
① 赤
② 青
③ 黄色
④ 緑
⑤ 紫
⑥ だいだい
⑦ もも色
⑧ 白
⑨ 茶色
⑩ 黒
⑪ 灰色
⑫ 金色
⑬ 銀色

【形】
⑭ 円形
⑮ 楕円
⑯ 正方形
⑰ 長方形
⑱ 三角形
⑲ 丸い
⑳ 球体

① red
② blue
③ yellow
④ green
⑤ purple
⑥ orange
⑦ pink
⑧ white
⑨ brown
⑩ black
⑪ gray／grey
⑫ gold
⑬ silver

⑭ circle
⑮ oval
⑯ square
⑰ rectangle
⑱ triangle
⑲ round
⑳ sphere

＼言ってみよう！／

What color do you like?　　I like blue.

 何個言えた？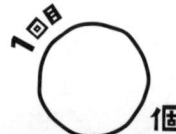

すらすら英単語 ６

氏名 ＿＿＿＿＿＿＿＿＿＿＿＿＿＿＿

スポーツ sport

① 野球	① baseball
② サッカー	② soccer ／ football
③ バスケットボール	③ basketball
④ 卓球	④ table tennis
⑤ バレーボール	⑤ volleyball
⑥ バドミントン	⑥ badminton
⑦ テニス	⑦ tennis
⑧ ソフトボール	⑧ softball
⑨ ラグビー	⑨ rugby
⑩ ハンドボール	⑩ handball
⑪ 水泳	⑪ swimming
⑫ 陸上	⑫ track and field
⑬ ドッジボール	⑬ dodge ball
⑭ スキー	⑭ skiing
⑮ スケート	⑮ skating
⑯ ホッケー	⑯ hockey
⑰ アメリカンフットボール	⑰ American football
⑱ ボクシング	⑱ boxing
⑲ ゴルフ	⑲ golf
⑳ 魚釣り	⑳ fishing

＼言ってみよう！／

What sport do you play?   I play soccer.

 何個言えた？
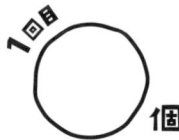 １回目　　個
 ２回目　　個
 ３回目　　個

すらすら英単語 7

教室にあるもの①

①	本	book
②	ペン	pen
③	ノート	notebook
④	鉛筆	pencil
⑤	消しゴム	eraser ／ rubber
⑥	ふで箱	pencil case ／ pen case
⑦	定規	ruler
⑧	のり	glue ／ paste
⑨	はさみ	scissors
⑩	ホチキス	stapler
⑪	机	desk
⑫	いす	chair
⑬	黒板	blackboard
⑭	チョーク	chalk
⑮	黒板消し	eraser
⑯	時計	clock
⑰	ロッカー	locker
⑱	セロハンテープ	Scotch tape
⑲	シャーペン	mechanical pencil
⑳	ボールペン	ballpoint pen

＼ 言ってみよう！ ／

What is this?　　It's a book.

何個言えた？

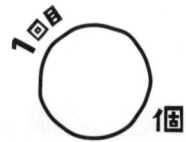  

すらすら英単語 ⑧

教室にあるもの②

①	コンパス	①	compasses
②	三角定規	②	triangle
③	修正液	③	whiteout
④	マーカー	④	marker
⑤	下敷き	⑤	mat
⑥	磁石	⑥	magnet
⑦	シャーペンの芯	⑦	lead
⑧	ほうき	⑧	broom
⑨	ちりとり	⑨	dustpan
⑩	モップ	⑩	mop
⑪	ゴミ箱	⑪	trash can
⑫	鉛筆削り	⑫	pencil sharpener
⑬	本棚	⑬	bookshelf
⑭	カーテン	⑭	curtain
⑮	電気	⑮	light
⑯	電話	⑯	telephone
⑰	カバン	⑰	bag
⑱	時間割	⑱	class schedule
⑲	地図	⑲	map
⑳	カレンダー	⑳	calendar

＼言ってみよう！／

What is that?　　It is a map.

何個言えた？

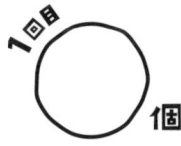 1回目 個
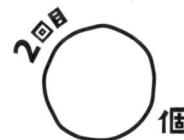 2回目 個
 3回目 個

すらすら英単語 ⑨

氏名

乗り物 vehicle

【乗り物】
① 車
② オートバイ
③ バス
④ 電車
⑤ タクシー
⑥ 地下鉄
⑦ ヨット
⑧ ボート
⑨ 船
⑩ 飛行機
⑪ 三輪車
⑫ 一輪車
⑬ 自転車
⑭ トラック
⑮ 路面電車
⑯ モノレール
⑰ ヘリコプター

【できたらお世話になりたくない乗り物】
⑱ 救急車
⑲ 消防車
⑳ パトカー

① car
② motorbike
③ bus
④ train
⑤ taxi
⑥ subway
⑦ yacht
⑧ boat
⑨ ship
⑩ plane
⑪ tricycle
⑫ unicycle
⑬ bicycle／bike
⑭ truck
⑮ street car
⑯ monorail
⑰ helicopter

⑱ ambulance
⑲ fire engine
⑳ patrol car

＼言ってみよう！／

How do you come to school?　　I come to school by bike.

何個言えた？

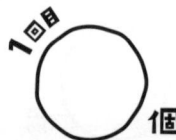 1回目 個
 2回目 個
 3回目 個

すらすら英単語 ⑩

数字 number ①

① 1	❶ one
② 2	❷ two
③ 3	❸ three
④ 4	❹ four
⑤ 5	❺ five
⑥ 6	❻ six
⑦ 7	❼ seven
⑧ 8	❽ eight
⑨ 9	❾ nine
⑩ 10	❿ ten
⑪ 11	⓫ eleven
⑫ 12	⓬ twelve
⑬ 13	⓭ thirteen
⑭ 14	⓮ fourteen
⑮ 15	⓯ fifteen
⑯ 16	⓰ sixteen
⑰ 17	⓱ seventeen
⑱ 18	⓲ eighteen
⑲ 19	⓳ nineteen
⑳ 20	⓴ twenty

＼言ってみよう！／

How old are you?　　I'm twelve years old.

何個言えた？

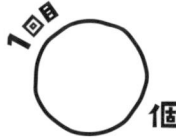  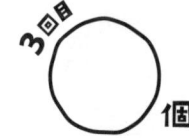

すらすら英単語 ⑪

数字 number ②

① 21		① twenty-one	
② 22		② twenty-two	
③ 23		③ twenty-three	
④ 24		④ twenty-four	
⑤ 25		⑤ twenty-five	
⑥ 26		⑥ twenty-six	
⑦ 27		⑦ twenty-seven	
⑧ 28		⑧ twenty-eight	
⑨ 29		⑨ twenty-nine	
⑩ 30		⑩ thirty	
⑪ 31		⑪ thirty-one	
⑫ 32		⑫ thirty-two	
⑬ 33		⑬ thirty-three	
⑭ 40		⑭ forty	
⑮ 50		⑮ fifty	
⑯ 60		⑯ sixty	
⑰ 70		⑰ seventy	
⑱ 80		⑱ eighty	
⑲ 90		⑲ ninety	
⑳ 100		⑳ one hundred	

＼言ってみよう！／

How old is your homeroom teacher?   It's a secret.

何個言えた？

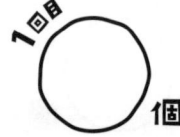

すらすら英単語 12

動作を表す言葉①

①	立つ	①	stand
②	座る	②	sit
③	見る	③	look
④	聞く	④	listen
⑤	話す	⑤	speak
⑥	書く	⑥	write
⑦	開く	⑦	open
⑧	閉じる	⑧	close
⑨	握る	⑨	hold
⑩	さわる	⑩	touch
⑪	押す	⑪	push
⑫	引く	⑫	pull
⑬	与える	⑬	give
⑭	尋ねる	⑭	ask
⑮	答える	⑮	answer
⑯	笑う	⑯	laugh
⑰	泣く	⑰	cry
⑱	壊す	⑱	break
⑲	掃除する	⑲	clean
⑳	置く	⑳	put

＼ 言ってみよう！ ／

Let's write.　　　Yes, let's. ／ No, let's not.

何個言えた？

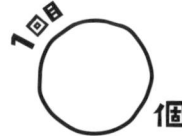 1回目 個

 2回目 個

 3回目 個

すらすら英単語 13

動作を表す言葉②

① 歩く		① walk	
② 走る		② run	
③ 止まる		③ stop	
④ 投げる		④ throw	
⑤ 捕まえる		⑤ catch	
⑥ 受け取る		⑥ receive	
⑦ 作る		⑦ make	
⑧ 飛ぶ		⑧ fly	
⑨ 跳ぶ		⑨ jump	
⑩ 買う		⑩ buy	
⑪ 売る		⑪ sell	
⑫ 読む		⑫ read	
⑬ 教える		⑬ teach	
⑭ 切る		⑭ cut	
⑮ 結ぶ		⑮ tie	
⑯ 洗う		⑯ wash	
⑰ 打つ		⑰ hit	
⑱ 食べる		⑱ eat	
⑲ 飲む		⑲ drink	
⑳ 眠る		⑳ sleep	

＼言ってみよう！／

Jump!!　　　Why?

何個言えた？　1回目　個　2回目　個　3回目　個

すらすら英単語 14

動作を表す言葉③

①	勉強する	①	study
②	運ぶ	②	carry
③	借りる	③	borrow
④	貸す	④	lend
⑤	愛する	⑤	love
⑥	知っている	⑥	know
⑦	持っていく	⑦	take
⑧	持ってくる	⑧	bring
⑨	集める	⑨	collect
⑩	お風呂に入る	⑩	take a bath
⑪	歯を磨く	⑪	brush my teeth
⑫	顔を洗う	⑫	wash my face
⑬	ひげをそる	⑬	shave
⑭	起きる	⑭	get up
⑮	寝る	⑮	go to bed
⑯	料理する	⑯	cook
⑰	テレビを見る	⑰	watch TV
⑱	食器を洗う	⑱	do the dishes
⑲	宿題をする	⑲	do my homework
⑳	自転車に乗る	⑳	ride a bike

＼言ってみよう！／

Don't watch TV.　　　No way.

何個言えた？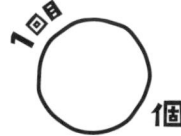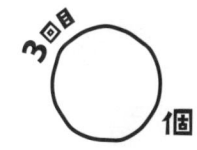

すらすら英単語 15

天気 weather

①	晴れ	①	sunny
②	曇り	②	cloudy
③	雨が降っている	③	rainy
④	風が強い	④	windy
⑤	雪が降っている	⑤	snowy
⑥	暑い	⑥	hot
⑦	寒い	⑦	cold
⑧	暖かい	⑧	warm
⑨	涼しい	⑨	cool
⑩	蒸し暑い（じめじめしている）	⑩	humid
⑪	凍えるほど寒い	⑪	freezing
⑫	雷（かみなり）	⑫	thunder and lightning
⑬	嵐の	⑬	stormy
⑭	台風	⑭	typhoon
⑮	ハリケーン	⑮	hurricane
⑯	霧が出ている	⑯	foggy
⑰	乾燥している	⑰	dry
⑱	湿っている	⑱	wet
⑲	夕立	⑲	shower
⑳	竜巻	⑳	twister ／ tornado

＼言ってみよう！／

How is the weather today?　　It's sunny〔rainy／cloudy／windy〕.

何個言えた？

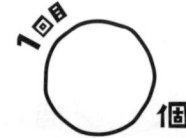
1回目　個

2回目　個

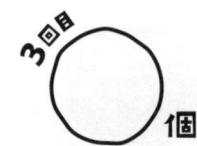
3回目　個

すらすら英単語 16

楽器 instrument & 音楽 music

【楽器】
1. ピアノ — piano
2. ギター — guitar
3. トランペット — trumpet
4. 木琴 — xylophone
5. バイオリン — violin
6. チェロ — cello
7. ドラム — drums
8. 和太鼓 — Japanese drum
9. リコーダー — recorder
10. タンバリン — tambourine
11. カスタネット — castanets
12. フルート — flute
13. オルガン — organ
14. トライアングル — triangle
15. シンバル — cymbals
16. ハーモニカ — harmonica

【音楽】
17. 指揮者 — conductor
18. 作曲家 — composer
19. 歌手 — singer
20. コンサート — concert

＼言ってみよう！／

What instrument do you play? I play the guitar.

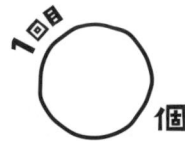

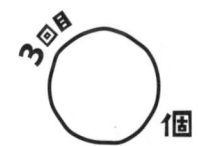

すらすら英単語 17

家族 family

①	父	①	father
②	母	②	mother
③	兄弟	③	brother
④	姉妹	④	sister
⑤	祖父	⑤	grandfather
⑥	祖母	⑥	grandmother
⑦	おじ	⑦	uncle
⑧	おば	⑧	aunt
⑨	いとこ	⑨	cousin
⑩	夫	⑩	husband
⑪	妻	⑪	wife
⑫	孫	⑫	grandchild
⑬	兄	⑬	older brother
⑭	弟	⑭	younger brother
⑮	姉	⑮	older sister
⑯	妹	⑯	younger sister
⑰	親戚	⑰	relative
⑱	息子	⑱	son
⑲	娘	⑲	daughter
⑳	両親	⑳	parents

＼言ってみよう！／

How many people do you have in your family?   I have 5 people.

 何個言えた？ 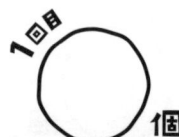 1回目 個  2回目 個  3回目 個

すらすら英単語 18

クラブ活動 club activities

① 野球部 — ① baseball club
② バスケットボール部 — ② basketball club
③ サッカー部 — ③ soccer club
④ テニス部 — ④ tennis club
⑤ 卓球部 — ⑤ table tennis club
⑥ ソフトボール部 — ⑥ softball club
⑦ 陸上部 — ⑦ track and field club
⑧ バレーボール部 — ⑧ volleyball club
⑨ 合唱部 — ⑨ chorus club
⑩ ブラスバンド部 — ⑩ brass band club
⑪ オーケストラ部 — ⑪ orchestra club
⑫ コンピュータ部 — ⑫ computer club
⑬ 水泳部 — ⑬ swimming club
⑭ 英語部 — ⑭ English club
⑮ 科学部 — ⑮ science club
⑯ 美術部 — ⑯ art club
⑰ 料理部 — ⑰ cooking club
⑱ 登山部 — ⑱ climbing club
⑲ サイクリング部 — ⑲ cycling club
⑳ 釣り部 — ⑳ fishing club

＼言ってみよう！／

What club are you in?
I am in the tennis club.

何個言えた？

 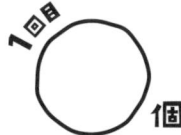 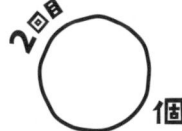 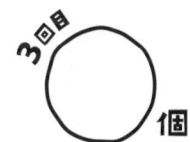

すらすら英単語 19

教科 subject & 学校生活 school life

【教科】
1. 国語
2. 数学
3. 社会
4. 歴史
5. 地理
6. 理科
7. 英語
8. 音楽
9. 美術
10. 技術
11. 家庭科
12. 体育
13. 道徳
14. 総合的な学習の時間
15. 学級活動

【学校生活】

16. 部活動
17. 生徒会
18. 休み時間
19. 給食
20. 放課後

1. Japanese
2. math
3. social studies
4. history
5. geography
6. science
7. English
8. music
9. art
10. industrial arts
11. home economics
12. P.E.
13. moral education
14. integrated lesson
15. homeroom meeting

16. club activities
17. student council
18. break
19. school lunch
20. after school

＼言ってみよう！／

What subjects do you like?　　I like English and science.

 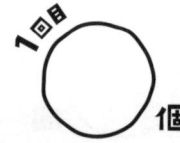  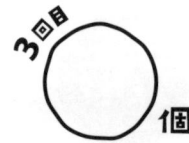

すらすら英単語 ⑳ 氏名

「英検5級」によくでる外国人の名前①

【男性】

① ポール	① Paul
② ジャック	② Jack
③ トム	③ Tom
④ マイク	④ Mike
⑤ ビル	⑤ Bill
⑥ ジョー	⑥ Joe
⑦ ベン	⑦ Ben
⑧ ボブ	⑧ Bob
⑨ ジェフ	⑨ Jeff
⑩ サム	⑩ Sam

【女性】

⑪ ルーシー	⑪ Lucy
⑫ ジェーン	⑫ Jane
⑬ メアリー	⑬ Mary
⑭ パティ	⑭ Patty
⑮ エミリー	⑮ Emily
⑯ アリス	⑯ Alice
⑰ サリー	⑰ Sally
⑱ スー	⑱ Sue
⑲ ローラ	⑲ Laura
⑳ スージー	⑳ Susie

＼言ってみよう！／

What is your name?　　My name is Paul.

何個言えた？　1回目 ( )個　2回目 ( )個　3回目 ( )個

すらすら英単語 21

「英検5級」によくでる外国人の名前②

【男性】
① フレッド
② ジェームス
③ マーク
④ ニック
⑤ ジョージ
⑥ ブライアン
⑦ トミー
⑧ テッド
⑨ アラン
⑩ ジョン

【女性】
⑪ ナンシー
⑫ シンディー
⑬ メグ
⑭ ベス
⑮ スーザン
⑯ カレン
⑰ エイミー
⑱ リリー
⑲ ルイーズ
⑳ スミス

① Fred
② James
③ Mark
④ Nick
⑤ George
⑥ Brian
⑦ Tommy
⑧ Ted
⑨ Alan
⑩ John

⑪ Nancy
⑫ Cindy
⑬ Meg
⑭ Beth
⑮ Susan
⑯ Karen
⑰ Amy
⑱ Lily
⑲ Louise
⑳ Smith

\言ってみよう！/

How can I call you?   Please call me George.

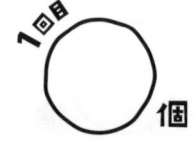

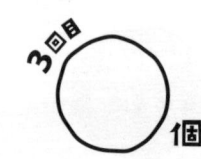

すらすら英単語 22

ニックネーム Nickname

氏名

【男性の名前】
① John
② William
③ Charles
④ James
⑤ George
⑥ Robert
⑦ Thomas
⑧ Michael
⑨ Joseph
⑩ Edward
⑪ Samuel
⑫ Richard
⑬ Albert
⑭ Nicholas
⑮ Benjamin

【女性の名前】
⑯ Elizabeth
⑰ Margaret
⑱ Patricia
⑲ Susan
⑳ Catherine

【ニックネーム】
① Jack
② Bill
③ Charlie ／ Chuck
④ Jim ／ Jimmy
⑤ Georgie
⑥ Bob ／ Bobby
⑦ Tom
⑧ Mike
⑨ Joe
⑩ Ed ／ Ned
⑪ Sam
⑫ Dick
⑬ Al ／ Bert
⑭ Nick
⑮ Ben

⑯ Beth ／ Betty
⑰ Peggy
⑱ Pat ／ Patty
⑲ Susie
⑳ Kate ／ Kitty

＼言ってみよう！／

Who is Mike?　　That's Michael.

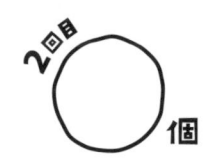

何個言えた？　1回目 〇個　2回目 〇個　3回目 〇個

すらすら英単語 23

序数　何番目の①

① 1番目の	❶ first
② 2番目の	❷ second
③ 3番目の	❸ third
④ 4番目の	❹ fourth
⑤ 5番目の	❺ fifth
⑥ 6番目の	❻ sixth
⑦ 7番目の	❼ seventh
⑧ 8番目の	❽ eighth
⑨ 9番目の	❾ ninth
⑩ 10番目の	❿ tenth
⑪ 11番目の	⓫ eleventh
⑫ 12番目の	⓬ twelfth
⑬ 13番目の	⓭ thirteenth
⑭ 14番目の	⓮ fourteenth
⑮ 15番目の	⓯ fifteenth
⑯ 16番目の	⓰ sixteenth
⑰ 17番目の	⓱ seventeenth
⑱ 18番目の	⓲ eighteenth
⑲ 19番目の	⓳ nineteenth
⑳ 20番目の	⓴ twentieth

＼言ってみよう！／

What is the date today?　　It's November 6th.

何個言えた？　1回目　2回目　3回目

すらすら英単語 24

序数　何番目の ②

①	21番目の	①	twenty-first
②	22番目の	②	twenty-second
③	23番目の	③	twenty-third
④	24番目の	④	twenty-fourth
⑤	25番目の	⑤	twenty-fifth
⑥	26番目の	⑥	twenty-sixth
⑦	27番目の	⑦	twenty-seventh
⑧	28番目の	⑧	twenty-eighth
⑨	29番目の	⑨	twenty-ninth
⑩	30番目の	⑩	thirtieth
⑪	40番目の	⑪	fortieth
⑫	50番目の	⑫	fiftieth
⑬	60番目の	⑬	sixtieth
⑭	70番目の	⑭	seventieth
⑮	80番目の	⑮	eightieth
⑯	90番目の	⑯	ninetieth
⑰	100番目の	⑰	one hundredth
⑱	1000番目の	⑱	one thousandth
⑲	100万番目の	⑲	one millionth
⑳	10億番目の	⑳	one billionth

＼言ってみよう！／

When is your birthday?

My birthday is July 21st.

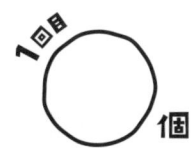

何個言えた？　1回目 ___ 個　2回目 ___ 個　3回目 ___ 個

すらすら英単語 25

疑問詞

【疑問詞の基本型】

① いつ？
② どこ？
③ だれ？
④ なに？
⑤ なぜ？
⑥ どのように？
⑦ どっち？
⑧ だれの？

【疑問詞の複合型】

⑨ 何時？
⑩ いくつ？
⑪ いくら？
⑫ 何歳？
⑬ どのくらいの間？
⑭ どのくらいの距離？
⑮ どのくらい大きい？
⑯ どのくらい小さい？
⑰ どのくらい広い？
⑱ 何曜日？
⑲ 何日？
⑳ 天気は？

① When?
② Where?
③ Who?
④ What?
⑤ Why?
⑥ How?
⑦ Which?
⑧ Whose?
⑨ What time?
⑩ How many?
⑪ How much?
⑫ How old?
⑬ How long?
⑭ How far?
⑮ How big?
⑯ How small?
⑰ How large?
⑱ What day is it?
⑲ What is the date?
⑳ How's the weather?

＼言ってみよう！／

How far is it from here to your house?   It's about 1km.

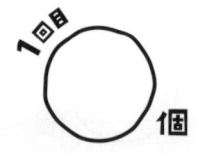

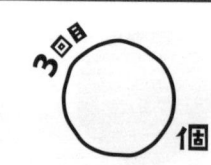

すらすら英単語 26

時 time ①

①	1時	①	one o'clock
②	2時	②	two o'clock
③	3時	③	three o'clock
④	4時	④	four o'clock
⑤	5時	⑤	five o'clock
⑥	6時	⑥	six o'clock
⑦	7時	⑦	seven o'clock
⑧	8時	⑧	eight o'clock
⑨	9時	⑨	nine o'clock
⑩	10時	⑩	ten o'clock
⑪	11時	⑪	eleven o'clock
⑫	12時	⑫	twelve o'clock ／ noon
⑬	午前7時	⑬	7 a.m.
⑭	午後7時	⑭	7 p.m.
⑮	夜の12時（真夜中）	⑮	midnight
⑯	朝の8時	⑯	eight in the morning
⑰	夜の8時	⑰	eight in the evening
⑱	9時前に	⑱	before nine
⑲	9時過ぎに	⑲	after nine
⑳	およそ5時	⑳	about 5 o'clock

＼ 言ってみよう！ ／

What time is it now?　　It's ten o'clock.

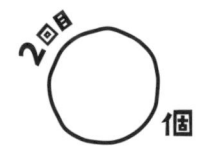

何個言えた？　1回目 □個　2回目 □個　3回目 □個

すらすら英単語 27

時 time ②

①	1時30分	①	one thirty
②	2時20分	②	two twenty
③	3時15分	③	three fifteen
④	4時44分	④	four forty-four
⑤	5時25分	⑤	five twenty-five
⑥	6時13分	⑥	six thirteen
⑦	7時11分	⑦	seven eleven
⑧	8時57分	⑧	eight fifty-seven
⑨	9時19分	⑨	nine nineteen
⑩	10時10分	⑩	ten ten
⑪	11時2分	⑪	eleven two
⑫	12時30分	⑫	twelve thirty
⑬	7時5分前	⑬	five to seven
⑭	9時3分過ぎ	⑭	three past nine
⑮	2時2分前	⑮	two to two
⑯	3時20分前	⑯	twenty to three
⑰	8時5分過ぎ	⑰	five past eight
⑱	1時3分前	⑱	three to one
⑲	10時15分前	⑲	quarter to ten
⑳	3時1分前	⑳	one to three

＼言ってみよう！／

What time is it now?　　It's quarter to ten.

何個言えた？　1回目 ___ 個　2回目 ___ 個　3回目 ___ 個

すらすら英単語 28

氏名

星座 sign & 占い fortune telling

【星座】
1. （占いの）星座
2. おひつじ座（3/21 — 4/19）
3. おうし座（4/20 — 5/20）
4. ふたご座（5/21 — 6/21）
5. かに座（6/22 — 7/22）
6. しし座（7/23 — 8/22）
7. おとめ座（8/23 — 9/22）
8. てんびん座（9/23 — 10/23）
9. さそり座（10/24 — 11/21）
10. いて座（11/22 — 12/21）
11. やぎ座（12/22 — 1/19）
12. みずがめ座（1/20 — 2/18）
13. うお座（2/19 — 3/20）

【占い】
14. 運勢
15. 占い
16. おみくじ
17. タロット
18. 手相
19. 占い師
20. 運命

---

1. sign
2. Aries
3. Taurus
4. Gemini
5. Cancer
6. Leo
7. Virgo
8. Libra
9. Scorpio
10. Sagittarius
11. Capricorn
12. Aquarius
13. Pisces

14. fortune
15. fortune telling
16. sacred lot
17. tarot
18. the lines in the palm
19. fortune teller
20. fate

＼言ってみよう！／

What's your sign?   My sign is Capricorn.

何個言えた？　1回目 ◯個　2回目 ◯個　3回目 ◯個

すらすら英単語 29

月 month & 曜日 day of a week

【月】
① 1月
② 2月
③ 3月
④ 4月
⑤ 5月
⑥ 6月
⑦ 7月
⑧ 8月
⑨ 9月
⑩ 10月
⑪ 11月
⑫ 12月

【曜日】
⑬ 日曜日
⑭ 月曜日
⑮ 火曜日
⑯ 水曜日
⑰ 木曜日
⑱ 金曜日
⑲ 土曜日
⑳ 週末／平日

① January
② February
③ March
④ April
⑤ May
⑥ June
⑦ July
⑧ August
⑨ September
⑩ October
⑪ November
⑫ December

⑬ Sunday
⑭ Monday
⑮ Tuesday
⑯ Wednesday
⑰ Thursday
⑱ Friday
⑲ Saturday
⑳ weekend ／ weekday

＼言ってみよう！／

What day of the week is it today?　　It's Monday.

何個言えた？　1回目　個　2回目　個　3回目　個

すらすら英単語 30

日本の祝日，行事

【祝日】

※年によって変わる

①	元日	①	New Year's Day	1月1日
②	成人の日	②	Coming-of-Age Day	1月第2月曜
③	建国記念の日	③	National Foundation Day	2月11日
④	春分の日	④	the Vernal Equinox Day	3月20日※
⑤	昭和の日	⑤	Showa Day	4月29日
⑥	憲法記念日	⑥	Constitution Day	5月3日
⑦	みどりの日	⑦	Greenery Day	5月4日
⑧	こどもの日	⑧	Children's Day	5月5日
⑨	海の日	⑨	Marine Day	7月第3月曜
⑩	敬老の日	⑩	Respect-for-the-Aged Day	9月第3月曜
⑪	秋分の日	⑪	the Autumn Equinox Day	9月23日※
⑫	体育の日	⑫	Sports Day	10月第2月曜
⑬	文化の日	⑬	Culture Day	11月3日
⑭	勤労感謝の日	⑭	Labor Thanksgiving Day	11月23日
⑮	天皇誕生日	⑮	Emperor's Birthday	12月23日

【行事】

⑯	節分	⑯	the day of the beginning of spring	2月3日
⑰	ひな祭り	⑰	Girl's Festival	3月3日
⑱	七夕	⑱	Star Festival	7月7日
⑲	七五三	⑲	*Shichi-Go-San* Festival	11月15日
⑳	大晦日	⑳	New Year's Eve	12月31日

＼ 言ってみよう！ ／

When is Showa Day?   It's April 29th.

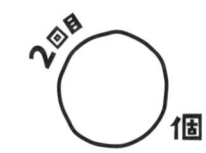

何個言えた？　1回目 ◯個　2回目 ◯個　3回目 ◯個

すらすら英単語 31

アメリカの祝日，行事

【祝日】

①	元日	New Year's Day	1月1日
②	キング牧師誕生日	Martin Luther King Jr's Day	1月第3月曜
③	大統領の日	Presidents' Day	2月第3月曜
④	戦没将兵追悼記念日	Memorial Day	5月最終月曜
⑤	独立記念日	Independence Day	7月4日
⑥	労働者の日	Labor Day	9月第1月曜
⑦	コロンブスの日	Columbus Day	10月第2月曜
⑧	復員軍人の日	Veterans Day	11月11日
⑨	感謝祭	Thanksgiving Day	11月第4木曜
⑩	クリスマス	Christmas	12月25日

【行事】

⑪	マーモットの日	Groundhog Day	2月2日
⑫	バレンタイン	St.Valentine's Day	2月14日
⑬	聖パトリックの日	St.Patrick's Day	3月17日
⑭	税金の日	Tax Day	4月15日
⑮	イースター	Easter	4月中旬
⑯	母の日	Mother's Day	5月第2日曜
⑰	父の日	Father's Day	6月第3日曜
⑱	祖父母の日	Grandparent's Day	9月第2日曜
⑲	上司の日	National Boss Day	10月16日
⑳	ハロウィン	Halloween	10月31日

＼言ってみよう！／

When is Columbus Day?　　It's the second Monday of October.

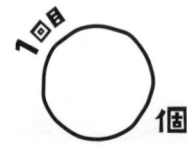

何個言えた？　1回目　2回目　3回目

すらすら英単語 32

宇宙 space・惑星 planet

① 太陽		❶ sun	
② 月		❷ moon	
③ 水星		❸ Mercury	
④ 金星		❹ Venus	
⑤ 地球		❺ earth	
⑥ 火星		❻ Mars	
⑦ 木星		❼ Jupiter	
⑧ 土星		❽ Saturn	
⑨ 天王星		❾ Uranus	
⑩ 海王星(かいおうせい)		❿ Neptune	
⑪ 冥王星(めいおうせい)		⓫ Pluto	
⑫ 惑星		⓬ planet	
⑬ 衛星		⓭ satellite	
⑭ 彗星(すいせい)		⓮ comet	
⑮ オーロラ		⓯ aurora	
⑯ 天の川		⓰ the Milky Way	
⑰ 満月		⓱ full moon	
⑱ 三日月		⓲ crescent moon	
⑲ 星		⓳ star	
⑳ 流れ星		⓴ shooting star	

＼言ってみよう！／

What is the biggest planet of the eight?

It is Jupiter.

何個言えた？　1回目 〇個　2回目 〇個　3回目 〇個

すらすら英単語 33　氏名

国名 countries

①	日本	①	Japan
②	韓国	②	Korea
③	中国	③	China
④	オーストラリア	④	Australia
⑤	ブラジル	⑤	Brazil
⑥	カナダ	⑥	Canada
⑦	フランス	⑦	France
⑧	ドイツ	⑧	Germany
⑨	イギリス	⑨	the United Kingdom
⑩	イタリア	⑩	Italy
⑪	アメリカ	⑪	the USA
⑫	インド	⑫	India
⑬	メキシコ	⑬	Mexico
⑭	ロシア	⑭	Russia
⑮	スイス	⑮	Switzerland
⑯	オランダ	⑯	the Netherlands
⑰	スペイン	⑰	Spain
⑱	ギリシャ	⑱	Greece
⑲	南アフリカ	⑲	South Africa
⑳	モンゴル	⑳	Mongolia

＼言ってみよう！／

Where are you from?　　I'm from Japan.

何個言えた？　1回目 ◯個　2回目 ◯個　3回目 ◯個

すらすら英単語 34　氏名

外国の「首都」をいくつ言えますか？

① 日本		① Tokyo	
② 韓国		② Seoul	
③ 中国		③ Beijing	
④ オーストラリア		④ Canberra	
⑤ ブラジル		⑤ Brasilia	
⑥ カナダ		⑥ Ottawa	
⑦ フランス		⑦ Paris	
⑧ ドイツ		⑧ Berlin	
⑨ イギリス		⑨ London	
⑩ イタリア		⑩ Rome	
⑪ アメリカ		⑪ Washington	
⑫ インド		⑫ New Delhi	
⑬ メキシコ		⑬ Mexico City	
⑭ ロシア		⑭ Moscow	
⑮ スイス		⑮ Bern	
⑯ オランダ		⑯ Amsterdam	
⑰ スペイン		⑰ Madrid	
⑱ ギリシャ		⑱ Athens	
⑲ 南アフリカ		⑲ Pretoria	
⑳ モンゴル		⑳ Ulaanbaatar	

＼言ってみよう！／

What is the capital city of Korea?　　It's Seoul.

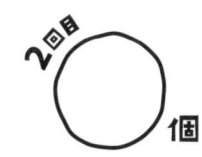

何個言えた？　1回目 ◯個　2回目 ◯個　3回目 ◯個

すらすら英単語 35

国と人名

①	日本人	①	Japanese
②	韓国人	②	Korean
③	中国人	③	Chinese
④	オーストラリア人	④	Australian
⑤	ブラジル人	⑤	Brazilian
⑥	カナダ人	⑥	Canadian
⑦	フランス人	⑦	French
⑧	ドイツ人	⑧	German
⑨	イギリス人	⑨	British
⑩	イタリア人	⑩	Italian
⑪	アメリカ人	⑪	American
⑫	インド人	⑫	Indian
⑬	メキシコ人	⑬	Mexican
⑭	ロシア人	⑭	Russian
⑮	スイス人	⑮	Swiss
⑯	オランダ人	⑯	Dutch
⑰	スペイン人	⑰	Spanish
⑱	ギリシャ人	⑱	Greek
⑲	南アフリカ人	⑲	South African
⑳	モンゴル人	⑳	Mongolian

\言ってみよう!/

Are you Chinese?　　No. I'm Japanese.

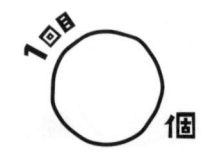

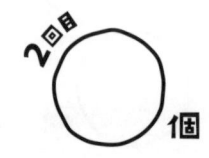

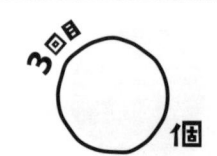

すらすら英単語 36

動詞①　1日の生活

①	起きる	①	get up
②	顔を洗う	②	wash my face
③	歯を磨く	③	brush my teeth
④	服を着る	④	get dressed
⑤	髪をとかす	⑤	comb my hair
⑥	朝食をとる	⑥	eat breakfast
⑦	家を出る	⑦	leave home
⑧	学校を出る	⑧	leave school
⑨	帰宅する	⑨	get home
⑩	昼寝をする	⑩	take a nap
⑪	手伝う	⑪	help
⑫	夕食を食べる	⑫	eat dinner
⑬	食器を洗う	⑬	do the dishes
⑭	お風呂に入る	⑭	take a bath
⑮	音楽を聴く	⑮	listen to music
⑯	テレビゲームをする	⑯	play video games
⑰	メールを送る	⑰	send e-mails
⑱	宿題をする	⑱	do my homework
⑲	寝る	⑲	go to bed
⑳	夢を見る	⑳	dream

＼言ってみよう！／

What time do you usually get up?　　I usually get up at 6:30.

何個言えた？　1回目 ◯ 個　2回目 ◯ 個　3回目 ◯ 個

すらすら英単語 37

氏名

動詞② 命令文でよく使う動詞

①	立ち上がる	①	stand up
②	座る	②	sit down
③	歩く	③	walk
④	走る	④	run
⑤	止まる	⑤	stop
⑥	目を閉じる	⑥	close your eyes
⑦	目を開ける	⑦	open your eyes
⑧	歌う	⑧	sing
⑨	〜の真似をする	⑨	mimic
⑩	読む	⑩	read
⑪	さわる	⑪	touch
⑫	与える	⑫	give
⑬	見せる	⑬	show
⑭	食べる	⑭	eat
⑮	飲む	⑮	drink
⑯	買う	⑯	buy
⑰	渡す	⑰	pass
⑱	教える	⑱	teach
⑲	呼ぶ	⑲	call
⑳	持ってくる	⑳	bring

＼言ってみよう！／

Can you stand up?

Of course.

何個言えた？　1回目 ◯個　2回目 ◯個　3回目 ◯個

すらすら英単語 38

動詞③　現在進行形でよく使う動詞

①	走る	1	run
②	歩く	2	walk
③	ギターを弾く	3	play the guitar
④	料理する	4	cook
⑤	テレビを見る	5	watch TV
⑥	泳ぐ	6	swim
⑦	野球をする	7	play baseball
⑧	眠る	8	sleep
⑨	英語を勉強する	9	study English
⑩	歌う	10	sing
⑪	食べる	11	eat
⑫	飲む	12	drink
⑬	本を読む	13	read a book
⑭	音楽を聴く	14	listen to music
⑮	掃除する	15	clean
⑯	シャワーを浴びる	16	take a shower
⑰	サッカーをする	17	play soccer
⑱	手紙を書く	18	write a letter
⑲	作る	19	make
⑳	踊る	20	dance

＼言ってみよう！／

What are you doing now?　　I'm cooking (now).

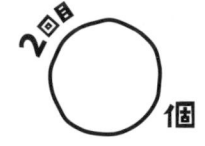

何個言えた？　1回目　　個　2回目　　個　3回目　　個

すらすら英単語 ㊴

動詞④　can と一緒によく使う動詞

①	野球をする	①	play baseball
②	ピアノを弾く	②	play the piano
③	英語を話す	③	speak English
④	踊る	④	dance
⑤	歌う	⑤	sing
⑥	スキーをする	⑥	ski
⑦	速く走る	⑦	run fast
⑧	書く	⑧	write
⑨	読む	⑨	read
⑩	理解できる・わかる	⑩	understand
⑪	コンピュータを使う	⑪	use a computer
⑫	料理する	⑫	cook
⑬	さわる	⑬	touch
⑭	スケートをする	⑭	skate
⑮	食べる／飲む	⑮	eat／drink
⑯	将棋をする	⑯	play shogi
⑰	直す	⑰	repair
⑱	助ける	⑱	help
⑲	車を運転する	⑲	drive a car
⑳	一輪車に乗る	⑳	ride a unicycle

＼言ってみよう！／

Can you drive a car?　　No, I can't.／Yes, I can.

何個言えた？　1回目　個　2回目　個　3回目　個

すらすら英単語 40

数字 number ③

① 100		❶ one hundred	
② 101		❷ one hundred (and) one	
③ 102		❸ one hundred (and) two	
④ 103		❹ one hundred (and) three	
⑤ 110		❺ one hundred (and) ten	
⑥ 120		❻ one hundred (and) twenty	
⑦ 130		❼ one hundred (and) thirty	
⑧ 140		❽ one hundred (and) forty	
⑨ 150		❾ one hundred (and) fifty	
⑩ 160		❿ one hundred (and) sixty	
⑪ 170		⓫ one hundred (and) seventy	
⑫ 180		⓬ one hundred (and) eighty	
⑬ 190		⓭ one hundred (and) ninety	
⑭ 200		⓮ two hundred	
⑮ 300		⓯ three hundred	
⑯ 400		⓰ four hundred	
⑰ 500		⓱ five hundred	
⑱ 600		⓲ six hundred	
⑲ 700		⓳ seven hundred	
⑳ 800		⓴ eight hundred	

＼言ってみよう！／

How tall are you?   I'm 167 cm tall.

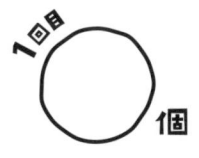

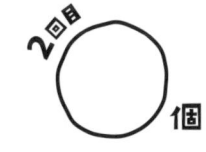

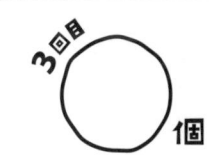

すらすら英単語 ㊶

数字 number ④

①	1千	「1,000」	❶	one thousand
②	1万	「10,000」	❷	ten thousand
③	10万	「100,000」	❸	one hundred thousand
④	100万	「1,000,000」	❹	one million
⑤	1千万	「10,000,000」	❺	ten million
⑥	2千万	「20,000,000」	❻	twenty million
⑦	3千万	「30,000,000」	❼	thirty million
⑧	4千万	「40,000,000」	❽	forty million
⑨	5千万	「50,000,000」	❾	fifty million
⑩	6千万	「60,000,000」	❿	sixty million
⑪	7千万	「70,000,000」	⓫	seventy million
⑫	8千万	「80,000,000」	⓬	eighty million
⑬	9千万	「90,000,000」	⓭	ninety million
⑭	1億	「100,000,000」	⓮	one hundred million
⑮	10億	「1,000,000,000」	⓯	one billion

\言ってみよう！/

How high is Mt.Fuji?   It's 3,776 m high.

1,234 ⇨ 1 thousand and 2 hundred thirty-four

12,345 ⇨ 12 thousand and 3 hundred forty-five

123,456 ⇨ 1 hundred 23 thousand 4 hundred 56

1,234,567 ⇨ 1 million 234 thousand 567

12,345,678 ⇨ 12 million and 345 thousand 678

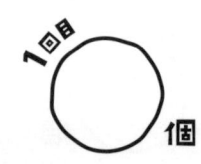

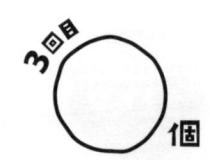

何個言えた？　1回目 ◯個　2回目 ◯個　3回目 ◯個

すらすら英単語 42

氏名 _____

形容詞① 人の特徴を表す言葉

①	親切な	❶	kind
②	恥ずかしがりの	❷	shy
③	背が高い	❸	tall
④	背が低い	❹	short
⑤	かわいい	❺	cute
⑥	強い	❻	strong
⑦	美しい	❼	beautiful
⑧	活発な	❽	active
⑨	うるさい	❾	noisy
⑩	穏やかな	❿	calm
⑪	おしゃべりな	⓫	talkative
⑫	静かな	⓬	quiet
⑬	我慢強い	⓭	patient
⑭	面白い	⓮	interesting
⑮	おかしい	⓯	funny
⑯	上品な	⓰	elegant
⑰	なまけた	⓱	lazy
⑱	弱い	⓲	weak
⑲	賢い	⓳	wise ／ clever
⑳	かっこいい	⓴	cool ／ handsome

＼言ってみよう！／

This is my friend, Ken.　　He is so cool.

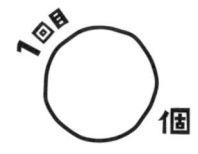

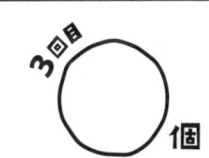

何個言えた？　1回目 ___個　2回目 ___個　3回目 ___個

すらすら英単語 43

形容詞②　物や形の様子を表す言葉

①	古い	①	old
②	新しい	②	new
③	大きい	③	big
④	大きい・広い	④	large
⑤	小さい	⑤	small
⑥	長い	⑥	long
⑦	短い	⑦	short
⑧	重い	⑧	heavy
⑨	軽い	⑨	light
⑩	速い	⑩	fast
⑪	かわいい	⑪	cute
⑫	美しい	⑫	beautiful
⑬	面白い	⑬	interesting
⑭	ワクワクする	⑭	exciting
⑮	危険な	⑮	dangerous
⑯	良い	⑯	good
⑰	高い	⑰	tall ／ high
⑱	有名な	⑱	famous
⑲	人気のある	⑲	popular
⑳	若い	⑳	young

＼言ってみよう！／

How old is this temple?　　It's 500 years old.

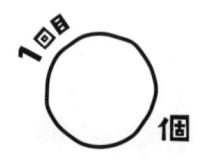

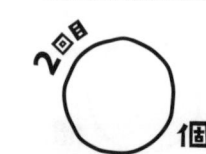

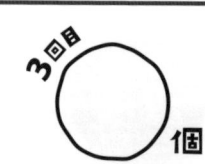

何個言えた？　1回目　〇個　2回目　〇個　3回目　〇個

すらすら英単語 44

形容詞　反対語①

①	大きい	①	big
②	小さい	②	small
③	若い	③	young
④	年をとっている	④	old
⑤	新しい	⑤	new
⑥	古い	⑥	old
⑦	高い	⑦	high
⑧	低い	⑧	low
⑨	高価な	⑨	expensive
⑩	安価な	⑩	cheap
⑪	親切な	⑪	kind
⑫	不親切な	⑫	unkind
⑬	簡単な	⑬	easy
⑭	難しい	⑭	difficult
⑮	きれいな	⑮	clean
⑯	汚い	⑯	dirty
⑰	面白い	⑰	interesting
⑱	退屈な	⑱	boring
⑲	背が高い	⑲	tall
⑳	背が低い	⑳	short

言ってみよう！

What is the opposite word of "big?"　　It is "small."

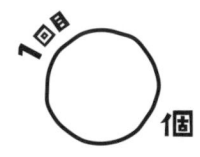

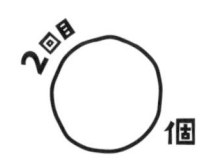

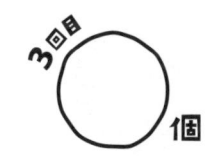

何個言えた？　1回目　2回目　3回目

すらすら英単語 45

形容詞　反対語②

①	big	❶	small
②	old	❷	young
③	new	❸	old
④	high	❹	low
⑤	tall	❺	short
⑥	strong	❻	weak
⑦	interesting	❼	boring
⑧	expensive	❽	cheap
⑨	difficult	❾	easy
⑩	kind	❿	unkind
⑪	happy	⓫	sad ／ unhappy
⑫	lucky	⓬	unlucky
⑬	dirty	⓭	clean
⑭	different	⓮	same
⑮	heavy	⓯	light
⑯	long	⓰	short
⑰	large	⓱	small
⑱	dangerous	⓲	safe
⑲	good	⓳	bad
⑳	hard	⓴	soft

＼言ってみよう！／

Wow, it's big!!　　　No. It's small.

何個言えた？　1回目 〇個　2回目 〇個　3回目 〇個

すらすら英単語 46

形容詞③　lookと一緒によく使う形容詞

① 元気な　　　　　　① fine
② 良い　　　　　　　② good
③ おいしい　　　　　③ delicious
④ 顔色が悪い　　　　④ pale
⑤ 具合が悪い　　　　⑤ sick
⑥ 若い　　　　　　　⑥ young
⑦ 年をとっている　　⑦ old
⑧ 重い　　　　　　　⑧ heavy
⑨ 軽い　　　　　　　⑨ light
⑩ 難しい　　　　　　⑩ difficult
⑪ 簡単な　　　　　　⑪ easy
⑫ 親切な　　　　　　⑫ kind
⑬ 人なつっこい　　　⑬ friendly
⑭ 幸せな　　　　　　⑭ happy
⑮ 単純な　　　　　　⑮ simple
⑯ 柔らかい　　　　　⑯ soft
⑰ かたい　　　　　　⑰ hard
⑱ 面白い　　　　　　⑱ interesting
⑲ 高価な　　　　　　⑲ expensive
⑳ 安価な　　　　　　⑳ cheap

＼言ってみよう！／

Do I look tired?　　　No. You look happy.

何個言えた？　1回目 ○個　2回目 ○個　3回目 ○個

すらすら英単語 47

食べ物 foods

#	日本語	English
①	ご飯	rice
②	パン	bread／toast
③	麺	noodle
④	ラーメン	ramen／Chinese noodle
⑤	餃子	Chinese dumpling
⑥	チャーハン	fried rice
⑦	カレーライス	curry and rice
⑧	スパゲッティ	spaghetti
⑨	ピザ	pizza
⑩	ハンバーグ	hamburg steak
⑪	フライドポテト	French fries
⑫	（鶏の）唐揚げ	fried chicken
⑬	シチュー	stew
⑭	サラダ	salad
⑮	チーズ	cheese
⑯	ステーキ	steak
⑰	牛肉／豚肉／鶏肉	beef／pork／chicken
⑱	魚	fish
⑲	目玉焼き	sunny-side up
⑳	みそ汁	miso soup

＼ 言ってみよう！ ／

What foods do you like?

I like hamburg steak and salad.

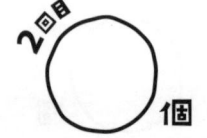

何個言えた？　1回目　　個　　2回目　　個　　3回目　　個

すらすら英単語 48

氏名

飲み物 drinks

① 水／お湯
② 牛乳
③ コーヒー
④ 紅茶
⑤ お茶（緑茶）
⑥ コーラ
⑦ サイダー
⑧ オレンジジュース
⑨ アイスコーヒー
⑩ ミルクティー
⑪ 砂糖入りのコーヒー
⑫ ミルク入りのコーヒー
⑬ ココア
⑭ ビール
⑮ ワイン
⑯ 日本酒
⑰ ウーロン茶
⑱ 生ジュース
⑲ 水道水
⑳ ミネラルウオーター

① water／hot water
② milk
③ coffee
④ tea
⑤ green tea
⑥ cola／coke
⑦ cider
⑧ orange juice
⑨ iced coffee
⑩ tea with milk
⑪ coffee with sugar
⑫ coffee with milk
⑬ cocoa
⑭ beer
⑮ wine
⑯ Japanese sake
⑰ oolong tea
⑱ juice／fresh juice
⑲ tap water
⑳ mineral water

\言ってみよう!／

What do you want to drink?   I want cola.

何個言えた？   1回目 個   2回目 個   3回目 個

すらすら英単語 49

デザート・他

#	日本語	英語
①	ケーキ	cake
②	ホットケーキ	pancake
③	ハンバーガー	hamburger
④	フライドポテト	French fries
⑤	焼きそば	fried noodles
⑥	サンドイッチ	sandwich
⑦	おにぎり	rice ball
⑧	もち	rice cake
⑨	チョコレート	chocolate
⑩	ポップコーン	popcorn
⑪	タコス	taco
⑫	ゼリー	jelly
⑬	プリン	pudding
⑭	アイスクリーム	ice cream
⑮	せんべい	rice cracker
⑯	クレープ	crape
⑰	のり	seaweed
⑱	梅	plum
⑲	つけもの	pickles
⑳	氷／かき氷	ice／shaved ice

\言ってみよう！/

What do you want to eat for lunch?

I want to eat hamburger.

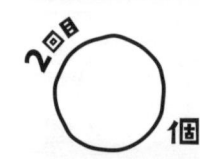

何個言えた？　1回目　個　　2回目　個　　3回目　個

すらすら英単語 50

家にあるもの①

#	日本語	#	English
①	テーブル	①	table
②	ドア	②	door
③	窓	③	window
④	トイレ	④	bathroom
⑤	お風呂	⑤	bath
⑥	屋根裏	⑥	attic
⑦	くつ箱	⑦	shoe box
⑧	包丁	⑧	kitchen knife
⑨	屋根	⑨	roof
⑩	階段	⑩	stairs
⑪	座布団	⑪	cushion
⑫	コンセント	⑫	outlet
⑬	車庫	⑬	garage
⑭	天井	⑭	ceiling
⑮	ベッド	⑮	bed
⑯	エアコン	⑯	air conditioner
⑰	コンピュータ	⑰	computer
⑱	テレビ	⑱	TV
⑲	目ざまし時計	⑲	alarm clock
⑳	郵便受け	⑳	mailbox

＼言ってみよう！／

How many TVs do you have?

I have 5 TVs.

何個言えた？　1回目 ○個　2回目 ○個　3回目 ○個

すらすら英単語 51

家にあるもの② 電化製品

① ドライヤー	① dryer
② 冷蔵庫	② refrigerator／fridge
③ 電気スタンド	③ desk lamp
④ 電気ポット	④ electric jar
⑤ CDプレーヤー	⑤ CD player
⑥ DVDプレイヤー	⑥ DVD player
⑦ コンピュータ	⑦ computer
⑧ 計算機	⑧ calculator
⑨ 電話	⑨ telephone
⑩ ファックス	⑩ fax
⑪ 携帯電話	⑪ mobile phone
⑫ 掃除機	⑫ vacuum cleaner
⑬ 洗濯機	⑬ washing machine
⑭ 炊飯器	⑭ rice cooker
⑮ 暖房器具	⑮ heater
⑯ コンセント	⑯ outlet
⑰ リモコン	⑰ remote control
⑱ 電池	⑱ battery
⑲ コピー機	⑲ copier
⑳ ラジオ	⑳ radio

＼言ってみよう！／

What do you want?   I want a mobile phone.

何個言えた？ 1回目 〇個 2回目 〇個 3回目 〇個

すらすら英単語 52

家にあるもの③　お風呂・洗面所

氏名 _____

	日本語		英語
①	シャンプー	①	shampoo
②	リンス	②	conditioner
③	石けん	③	soap
④	カミソリ	④	razor
⑤	鏡	⑤	mirror
⑥	歯ブラシ	⑥	toothbrush
⑦	歯磨き粉	⑦	toothpaste
⑧	タオル	⑧	towel
⑨	スポンジ	⑨	sponge
⑩	くし	⑩	comb
⑪	ヘアブラシ	⑪	hairbrush
⑫	シャワー	⑫	shower
⑬	蛇口	⑬	faucet
⑭	浴槽	⑭	bathtub
⑮	洗剤	⑮	detergent
⑯	マット	⑯	rug
⑰	洗面台	⑰	sink
⑱	ドライヤー	⑱	dryer
⑲	お湯	⑲	hot water
⑳	綿棒	⑳	cotton swabs

＼言ってみよう！／

Please bring me a towel.　　Yes. Here you are.

何個言えた？　1回目 ___個　2回目 ___個　3回目 ___個

すらすら英単語 53

家にあるもの④ 台所

	日本語		英語
①	フライパン	①	frying pan
②	電子レンジ	②	microwave oven
③	深なべ	③	pot
④	炊飯器	④	rice cooker
⑤	栓抜き	⑤	bottle opener
⑥	フライ返し	⑥	turner
⑦	食器洗い機	⑦	dishwasher
⑧	おたま	⑧	ladle
⑨	包丁	⑨	kitchen knife
⑩	まな板	⑩	cutting board
⑪	流し	⑪	sink
⑫	冷蔵庫	⑫	refrigerator ／ fridge
⑬	冷凍室	⑬	freezer
⑭	皿	⑭	dish
⑮	お椀	⑮	bowl
⑯	ガス台	⑯	gas stove
⑰	やかん	⑰	kettle
⑱	塩	⑱	salt
⑲	こしょう	⑲	pepper
⑳	砂糖	⑳	sugar

＼言ってみよう！／

Will you help me with washing the cutting board?

No sweat.

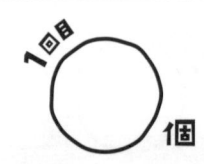

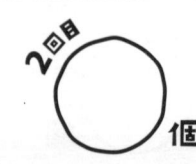

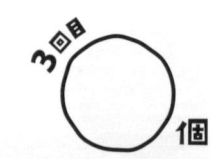

すらすら英単語 54

家にあるもの⑤ 部屋

1. 居間 — living room
2. 寝室 — bedroom
3. 浴室 — bathroom
4. 台所 — kitchen
5. 食堂 — dining room
6. 廊下 — corridor
7. 庭 — garden
8. ベランダ — veranda
9. テラス — terrace
10. ドアノブ — knob
11. 窓 — window
12. カーテン — curtain
13. ソファ — sofa
14. 扇風機 — electric fan
15. おもちゃ — toy
16. くずかご — wastebasket
17. スリッパ — slippers
18. 傘立て — umbrella stand
19. 花瓶 — vase
20. 2階建て — two story house

言ってみよう！

How many bedrooms are there?　　There are 5 bedrooms.

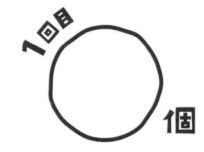

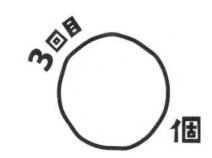

何個言えた？　1回目 〇個　2回目 〇個　3回目 〇個

すらすら英単語 55

家にあるもの⑥ 衣類・収納

	日本語		英語
①	家具	①	furniture
②	たんす	②	wardrobe
③	引き出し	③	drawer
④	クローゼット	④	closet
⑤	棚	⑤	shelf
⑥	本棚	⑥	bookshelf
⑦	ハンガー	⑦	hanger
⑧	防虫剤	⑧	mothballs
⑨	シャツ	⑨	shirt
⑩	下着	⑩	underwear
⑪	ズボン	⑪	trousers／pants
⑫	ベルト	⑫	belt
⑬	ジーンズ	⑬	jeans
⑭	ネクタイ	⑭	necktie
⑮	リボン	⑮	ribbon
⑯	スニーカー	⑯	sneakers
⑰	ブーツ	⑰	boots
⑱	カーディガン	⑱	cardigan
⑲	エプロン	⑲	apron
⑳	パンプス	⑳	pumps

＼言ってみよう！／

What do you wear?　　I wear jeans.

何個言えた？　1回目 個　2回目 個　3回目 個

すらすら英単語 56

日常生活で使うもの

① ティッシュ　　　　　① tissue
② 爪楊枝　　　　　　② toothpick
③ お箸　　　　　　　③ chopsticks
④ 割り箸　　　　　　④ disposable chopsticks
⑤ スプーン　　　　　⑤ spoon
⑥ フォーク　　　　　⑥ fork
⑦ ナイフ　　　　　　⑦ knife
⑧ ナプキン　　　　　⑧ napkin
⑨ トイレットペーパー　⑨ toilet paper
⑩ テーブルクロス　　⑩ tablecloth
⑪ 爪切り　　　　　　⑪ nail clipper
⑫ 缶切り　　　　　　⑫ can opener
⑬ 栓抜き　　　　　　⑬ bottle opener
⑭ ティーカップ　　　⑭ tea cup
⑮ マグカップ　　　　⑮ mug cup
⑯ 靴べら　　　　　　⑯ shoehorn
⑰ 靴磨き用クリーム　⑰ shoe polish
⑱ 傘　　　　　　　　⑱ umbrella
⑲ レインコート　　　⑲ raincoat
⑳ 財布　　　　　　　⑳ purse

＼ 言ってみよう！／

What do you use?　　　I use chopsticks.

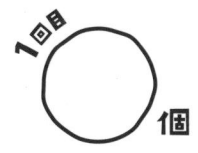

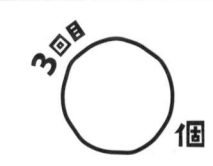

すらすら英単語 57

身につけるもの I wear ... ～.

① ズボン
② 帽子
③ めがね
④ マフラー
⑤ コート
⑥ ネクタイ
⑦ セーター
⑧ 靴
⑨ 腕時計
⑩ Tシャツ
⑪ スカート
⑫ ネックレス
⑬ 靴下
⑭ トレーナー
⑮ 寝間着(ねまき)
⑯ 手袋
⑰ ワイシャツ
⑱ スーツ
⑲ ジーンズ
⑳ 下着

① trousers／pants
② hat／cap
③ glasses
④ muffler
⑤ coat
⑥ tie
⑦ sweater
⑧ shoes
⑨ watch
⑩ T-shirt
⑪ skirt
⑫ necklace
⑬ socks
⑭ sweat shirt
⑮ pajamas／pyjamas
⑯ gloves
⑰ dress shirt
⑱ suit
⑲ jeans
⑳ underwear

＼言ってみよう！／

What are you wearing?　　I'm wearing glasses.

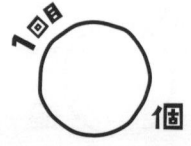

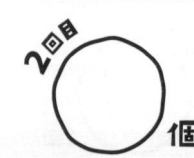

すらすら英単語 58

動物 animal ②

#	日本語	#	English
①	クマ	①	bear
②	シカ	②	deer
③	ワニ	③	crocodile ／ alligator
④	ヒョウ	④	leopard
⑤	チーター	⑤	cheetah
⑥	イノシシ	⑥	wild boar
⑦	コアラ	⑦	koala
⑧	リス	⑧	squirrel
⑨	ハムスター	⑨	hamster
⑩	モグラ	⑩	mole
⑪	はつかネズミ／どぶネズミ	⑪	mouse ／ rat
⑫	ハト	⑫	pigeon
⑬	タカ	⑬	hawk
⑭	ワシ	⑭	eagle
⑮	アヒル	⑮	duck
⑯	ハクチョウ	⑯	swan
⑰	ツバメ	⑰	swallow
⑱	ヒバリ	⑱	lark
⑲	クジラ	⑲	whale
⑳	イルカ	⑳	dolphin

言ってみよう！

Do you want hamsters? — Yes, I do. ／ No, I don't.

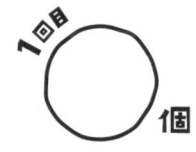

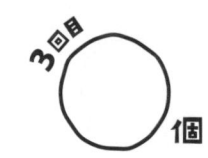

すらすら英単語 59

虫 bug

1. カブトムシ
2. テントウムシ
3. ゴキブリ
4. カマキリ
5. セミ
6. バッタ
7. ムカデ
8. クモ
9. サソリ
10. クワガタムシ
11. アリ
12. ハエ
13. 蚊
14. 蜂
15. カタツムリ
16. 毛虫
17. ミミズ
18. トンボ
19. 蝶
20. コオロギ

1. beetle
2. ladybug
3. cockroach
4. mantis
5. cicada
6. grasshopper
7. centipede
8. spider
9. scorpion
10. stag beetle
11. ant
12. fly
13. mosquito
14. bee
15. snail
16. caterpillar
17. earthworm
18. dragonfly
19. butterfly
20. cricket

＼言ってみよう！／

Do you like spiders? No, never. ／ Yes, I love it.

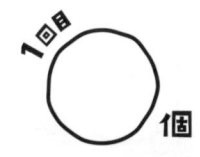

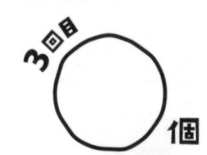

何個言えた？ 1回目 個 2回目 個 3回目 個

すらすら英単語 60

海・川にいる生き物

#	日本語	#	English
①	カメ	①	turtle / tortoise
②	カニ	②	crab
③	エビ	③	shrimp
④	タコ	④	octopus
⑤	イカ	⑤	squid
⑥	アシカ／アザラシ	⑥	sea lion / seal
⑦	ジュゴン	⑦	sea cow
⑧	なまこ	⑧	sea cucumber
⑨	サケ	⑨	salmon
⑩	マス	⑩	trout
⑪	ウナギ	⑪	eel
⑫	マグロ	⑫	tuna
⑬	アユ	⑬	sweetfish
⑭	カキ	⑭	oyster
⑮	ペンギン	⑮	penguin
⑯	ヒトデ	⑯	starfish
⑰	クラゲ	⑰	jellyfish
⑱	サメ	⑱	shark
⑲	コイ	⑲	carp
⑳	ハマグリ	⑳	clam

＼言ってみよう！／

How big is a sweetfish?　　This size.

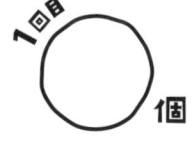

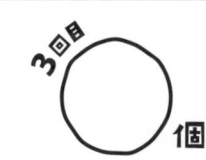

何個言えた？　1回目 ○個　2回目 ○個　3回目 ○個

すらすら英単語 61

いろいろな数字

① $\frac{1}{2}$		❶ one second ／ a half
② $\frac{1}{3}$		❷ one third
③ $\frac{1}{4}$		❸ one fourth ／ a quarter
④ $\frac{1}{5}$		❹ one fifth
⑤ $\frac{2}{3}$		❺ two thirds
⑥ $\frac{2}{4}$		❻ two fourths
⑦ $\frac{2}{5}$		❼ two fifths
⑧ 1.5		❽ one point five
⑨ 2.7		❾ two point seven
⑩ 12.12		❿ twelve point one two
⑪ 1 cm		⓫ 1 centimeter
⑫ 1 m		⓬ 1 meter
⑬ 1 km		⓭ 1 kilometer
⑭ 2 cm		⓮ 2 centimeters
⑮ 2 m		⓯ 2 meters
⑯ 2 km		⓰ 2 kilometers
⑰ 100g		⓱ 100 grams
⑱ 1000kg		⓲ 1000 kilograms ／ 1 ton
⑲ 10以上		⓳ more than nine ／ ten and over
⑳ 10以下		⓴ less than eleven ／ ten and under

＼言ってみよう！／

How tall are you?　　I am 165 cm tall.

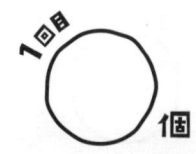

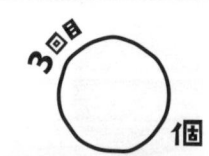

すらすら英単語 62

いろいろな数字　年号①

① 1999年		❶ nineteen ninety-nine	
② 1543年		❷ fifteen forty-three	
③ 1600年		❸ sixteen hundred	
④ 1603年		❹ sixteen o-three	
⑤ 794年		❺ seven ninety-four	
⑥ 710年		❻ seven ten	
⑦ 604年		❼ six o-four	
⑧ 1192年		❽ eleven ninety-two	
⑨ 1221年		❾ twelve twenty-one	
⑩ 1232年		❿ twelve thirty-two	
⑪ 1274年		⑪ twelve seventy-four	
⑫ 1334年		⑫ thirteen thirty-four	
⑬ 701年		⑬ seven o-one	
⑭ 607年		⑭ six o-seven	
⑮ 1853年		⑮ eighteen fifty-three	
⑯ 1549年		⑯ fifteen forty-nine	
⑰ 1615年		⑰ sixteen fifteen	
⑱ 1637年		⑱ sixteen thirty-seven	
⑲ 1858年		⑲ eighteen fifty-eight	
⑳ 2007年		⑳ two thousand seven	

＼言ってみよう！／

What happened in 1603?　　Tokugawa Ieyasu opened *bakufu*.

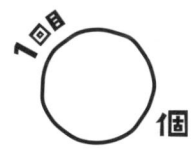

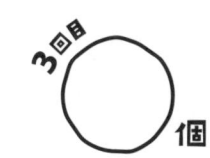

何個言えた？　1回目 ___個　2回目 ___個　3回目 ___個

すらすら英単語 63

いろいろな数字　年号②

① 1894年		①	eighteen ninety-four
② 1904年		②	nineteen o-four
③ 1914年		③	nineteen fourteen
④ 1428年		④	fourteen twenty-eight
⑤ 1867年		⑤	eighteen sixty-seven
⑥ 1841年		⑥	eighteen forty-one
⑦ 743年		⑦	seven forty-three
⑧ 239年		⑧	two thirty-nine
⑨ 593年		⑨	five ninety-three
⑩ 645年		⑩	six forty-five
⑪ 1156年		⑪	eleven fifty-six
⑫ 1338年		⑫	thirteen thirty-eight
⑬ 1918年		⑬	nineteen eighteen
⑭ 1923年		⑭	nineteen twenty-three
⑮ 1995年		⑮	nineteen ninety-five
⑯ 1945年		⑯	nineteen forty-five
⑰ 1939年		⑰	nineteen thirty-nine
⑱ 1932年		⑱	nineteen thirty-two
⑲ 1936年		⑲	nineteen thirty-six
⑳ 2008年		⑳	two thousand eight

＼言ってみよう！／

When were you born?　　I was born in 2002.

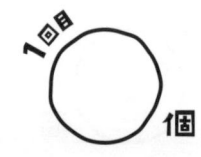

何個言えた？　1回目　個　2回目　個　3回目　個

すらすら英単語 64

自然 nature

①	山	①	mountain
②	川	②	river
③	海	③	ocean ／ sea
④	森	④	forest
⑤	空	⑤	sky
⑥	雲	⑥	cloud
⑦	畑	⑦	field
⑧	田んぼ	⑧	rice field
⑨	丘	⑨	hill
⑩	湖	⑩	lake
⑪	滝	⑪	waterfall
⑫	池	⑫	pond
⑬	砂漠	⑬	desert
⑭	果樹園	⑭	orchard
⑮	谷	⑮	valley
⑯	海岸	⑯	seashore
⑰	村	⑰	village
⑱	農場	⑱	farm
⑲	草原	⑲	grassland
⑳	木	⑳	tree

\言ってみよう！/

Where does a frog live?　　It lives in the pond.

何個言えた？　1回目 ◯個　2回目 ◯個　3回目 ◯個

すらすら英単語 65

身体 body parts ②

① あご		①	chin
② ほほ		②	cheek
③ へそ		③	belly button
④ 唇		④	lip
⑤ 歯		⑤	tooth ／ teeth「tooth の複数形」
⑥ 舌		⑥	tongue
⑦ のど		⑦	throat
⑧ 眉毛		⑧	eyebrow
⑨ おでこ		⑨	forehead
⑩ 耳たぶ		⑩	earlobe
⑪ ほくろ		⑪	mole
⑫ まぶた		⑫	eyelid
⑬ まつ毛		⑬	eyelash
⑭ 歯ぐき		⑭	gum
⑮ えくぼ		⑮	dimple
⑯ 胸		⑯	chest
⑰ お腹		⑰	stomach
⑱ 腰		⑱	waist
⑲ ふくらはぎ		⑲	calf
⑳ かかと		⑳	heel

＼言ってみよう！／

What happened to your forehead?   I hit my forehead against the wall.

何個言えた？　1回目　　個　　2回目　　個　　3回目　　個

すらすら英単語 66

身体 body parts ③

#	日本語	#	English
①	人差し指	①	forefinger / index finger
②	中指	②	middle finger
③	くすり指	③	ring finger
④	小指	④	little finger / pinkie
⑤	親指	⑤	thumb
⑥	足の指（つま先）	⑥	toe
⑦	足の親指	⑦	big toe
⑧	足の小指	⑧	little toe
⑨	足の人差し指	⑨	second toe
⑩	足の中指	⑩	third toe
⑪	足のくすり指	⑪	fourth toe
⑫	指紋	⑫	fingerprint
⑬	爪	⑬	nail
⑭	にきび	⑭	pimple
⑮	口ひげ	⑮	mustache
⑯	あごひげ	⑯	beard
⑰	心臓	⑰	heart
⑱	肺	⑱	lung
⑲	脳	⑲	brain
⑳	関節	⑳	joint

＼言ってみよう！／

Whose fingerprints are these?　　They are my sister's.

何個言えた？　1回目 □個　2回目 □個　3回目 □個

すらすら英単語 67

規則動詞　過去形

① play tennis
② watch TV
③ stay at home
④ enjoy
⑤ visit my uncle
⑥ study English
⑦ live
⑧ walk
⑨ use
⑩ learn
⑪ listen to music
⑫ look
⑬ cook dinner
⑭ help
⑮ receive
⑯ start
⑰ work
⑱ ask
⑲ want
⑳ try

❶ **played** tennis
❷ **watched** TV
❸ **stayed** at home
❹ **enjoyed**
❺ **visited** my uncle
❻ **studied** English
❼ **lived**
❽ **walked**
❾ **used**
❿ **learned**
⓫ **listened** to music
⓬ **looked**
⓭ **cooked** dinner
⓮ **helped**
⓯ **received**
⓰ **started**
⓱ **worked**
⓲ **asked**
⓳ **wanted**
⓴ **tried**

＼言ってみよう！／

What did you do yesterday?　　I stayed at home.

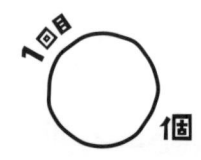

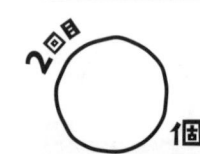

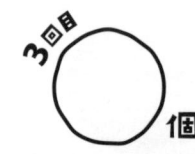

すらすら英単語 68

不規則動詞①

原形	過去形	過去分詞形
① become	① became	become
② begin	② began	begun
③ bring	③ brought	brought
④ buy	④ bought	bought
⑤ catch	⑤ caught	caught
⑥ come	⑥ came	come
⑦ do	⑦ did	done
⑧ drink	⑧ drank	drunk
⑨ eat	⑨ ate	eaten
⑩ fall	⑩ fell	fallen
⑪ feel	⑪ felt	felt
⑫ get	⑫ got	got, gotten
⑬ give	⑬ gave	given
⑭ go	⑭ went	gone
⑮ grow	⑮ grew	grown
⑯ have	⑯ had	had
⑰ hear	⑰ heard	heard
⑱ keep	⑱ kept	kept
⑲ know	⑲ knew	known
⑳ lose	⑳ lost	lost

＼言ってみよう！／

What time did you go to bed last night?

I went to bed at 11:00.

何個言えた？　1回目 ◯個　2回目 ◯個　3回目 ◯個

すらすら英単語 69

不規則動詞②

原形	過去形	過去分詞形
① make	① made	made
② mean	② meant	meant
③ meet	③ met	met
④ put	④ put	put
⑤ read	⑤ read	read
⑥ ride	⑥ rode	ridden
⑦ run	⑦ ran	run
⑧ say	⑧ said	said
⑨ see	⑨ saw	seen
⑩ send	⑩ sent	sent
⑪ show	⑪ showed	shown
⑫ sit	⑫ sat	sat
⑬ sleep	⑬ slept	slept
⑭ speak	⑭ spoke	spoken
⑮ stand	⑮ stood	stood
⑯ swim	⑯ swam	swum
⑰ take	⑰ took	taken
⑱ think	⑱ thought	thought
⑲ win	⑲ won	won
⑳ write	⑳ wrote	written

＼言ってみよう！／

How long did you sleep?

I slept for 8 hours and a half.

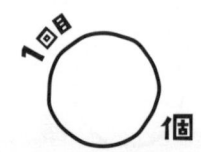

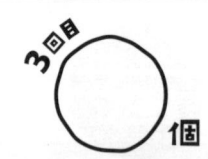

すらすら英単語 70　氏名

動詞⑤　過去進行形でよく使う動詞

①	走る	①	run
②	歩く	②	walk
③	ギターを弾く	③	play the guitar
④	ピアノを弾く	④	play the piano
⑤	映画を観る	⑤	watch a movie
⑥	泳ぐ	⑥	swim
⑦	野球をする	⑦	play baseball
⑧	眠る	⑧	sleep
⑨	英語を勉強する	⑨	study English
⑩	歌う	⑩	sing
⑪	夕食を食べる	⑪	eat dinner
⑫	お風呂に入る	⑫	take a bath
⑬	本を読む	⑬	read a book
⑭	音楽を聴く	⑭	listen to music
⑮	掃除する	⑮	clean
⑯	食器を洗う	⑯	do the dishes
⑰	コンピュータを使う	⑰	use a computer
⑱	手紙を書く	⑱	write a letter
⑲	宿題をする	⑲	do my homework
⑳	歯を磨く	⑳	brush my teeth

＼言ってみよう！／

What were you doing at about 9 last night?　　I was sleeping.

何個言えた？　1回目　　個　2回目　　個　3回目　　個

すらすら英単語 71

動詞⑥　未来形でよく使う動詞

①	〜へ行く	①	go to 〜
②	訪れる	②	visit
③	滞在する	③	stay
④	会う	④	meet
⑤	勉強する	⑤	study
⑥	買う	⑥	buy
⑦	起きる	⑦	get up
⑧	寝る	⑧	go to bed
⑨	写真を撮る	⑨	take a picture
⑩	テレビを見る	⑩	watch TV
⑪	読む	⑪	read
⑫	食べる	⑫	eat
⑬	テニスをする	⑬	play tennis
⑭	お風呂に入る	⑭	take a bath
⑮	料理する	⑮	cook
⑯	テレビゲームをする	⑯	play video games
⑰	旅行する	⑰	take a trip
⑱	手紙を書く	⑱	write a letter
⑲	買い物に行く	⑲	go shopping
⑳	練習する	⑳	practice

＼言ってみよう！／

What will you do tonight?　　I will play video games.

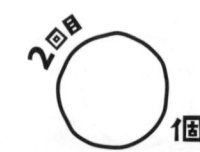

何個言えた？　1回目 個　2回目 個　3回目 個

すらすら英単語 72

職業 job ①

①	アナウンサー	①	announcer
②	建築家	②	architect
③	美容師	③	beautician
④	大工	④	carpenter
⑤	通訳	⑤	interpreter
⑥	歯科医	⑥	dentist
⑦	デザイナー	⑦	designer
⑧	医師	⑧	doctor
⑨	看護師	⑨	nurse
⑩	農家	⑩	farmer
⑪	漁師	⑪	fisherman
⑫	パイロット	⑫	pilot
⑬	客室乗務員	⑬	flight attendant
⑭	花屋	⑭	florist
⑮	音楽家	⑮	musician
⑯	歌手	⑯	singer
⑰	画家	⑰	painter
⑱	警察官	⑱	police officer
⑲	消防士	⑲	fire fighter
⑳	科学者	⑳	scientist

＼言ってみよう！／

What do you want to be in the future?   I want to be a pilot.

何個言えた？   1回目 個   2回目 個   3回目 個

すらすら英単語 73

職業 job ②

①	教師	①	teacher
②	牧師	②	priest
③	写真家	③	photographer
④	庭師	④	gardener
⑤	新聞記者	⑤	pressman
⑥	タクシー運転手	⑥	taxi driver
⑦	俳優	⑦	actor
⑧	レーサー	⑧	racer
⑨	郵便局員	⑨	postal clerk
⑩	作家	⑩	writer
⑪	弁護士	⑪	lawyer
⑫	裁判官	⑫	judge
⑬	会社員	⑬	company employee
⑭	商店主	⑭	store owner
⑮	パン屋	⑮	baker
⑯	料理人	⑯	cook
⑰	獣医	⑰	vet (veterinarian)
⑱	漫画家	⑱	cartoonist
⑲	公務員	⑲	civil servant
⑳	理髪師	⑳	barber

＼言ってみよう！／

What does your father do?　　He is a cartoonist.

何個言えた？　1回目 ___個　2回目 ___個　3回目 ___個

すらすら英単語 74

前置詞　場所を表すもの①

① 〜の上に
② 〜の中に
③ 〜の下に
④ 〜の近くに
⑤ 〜のそばに
⑥ 〜の前に
⑦ 〜の後ろに
⑧ 〜の中へ
⑨ 〜から外へ
⑩ 〜と…の間に
⑪ 〜の間で
⑫ 〜から
⑬ 〜の上の方に
⑭ 〜の周りに
⑮ 〜を横切って
⑯ 〜を通って
⑰ 〜へ
⑱ 〜に沿って
⑲ 〜の隣に
⑳ 〜の内側に

① on 〜
② in 〜
③ under 〜
④ near 〜
⑤ by 〜
⑥ in front of 〜
⑦ behind 〜
⑧ into 〜
⑨ out of 〜
⑩ between 〜 and …
⑪ among 〜
⑫ from 〜
⑬ above 〜
⑭ around 〜
⑮ across 〜
⑯ through 〜
⑰ to 〜
⑱ along 〜
⑲ next to 〜
⑳ inside 〜

＼言ってみよう！／

Where is my racket?　　It's under the desk.

何個言えた？　1回目　個　2回目　個　3回目　個

すらすら英単語 75

前置詞　場所を表すもの②

①	テーブルの上に	①	**on** the table
②	箱の中に	②	**in** the box
③	机の下に	③	**under** the desk
④	駅の近くに	④	**near** the station
⑤	窓のそばに	⑤	**by** the window
⑥	図書館の前で	⑥	**in front of** the library
⑦	車の後ろに	⑦	**behind** the car
⑧	建物の中へ	⑧	**into** the building
⑨	教室から外へ	⑨	**out of** the classroom
⑩	木と家の間に	⑩	**between** the tree **and** the house
⑪	女の子の間で	⑪	**among** girls
⑫	中国から	⑫	**from** China
⑬	頭上に	⑬	**above** my head
⑭	世界中に	⑭	**around** the world
⑮	川を横切って	⑮	**across** the river
⑯	トンネルを通って	⑯	**through** the tunnel
⑰	学校へ	⑰	**to** school
⑱	道に沿って	⑱	**along** the road
⑲	スーパーの隣に	⑲	**next to** the supermarket
⑳	円の内側に	⑳	**inside** the circle

言ってみよう！

Where is the post office?

It's next to the bank.

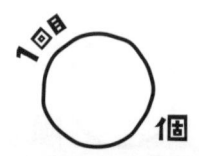

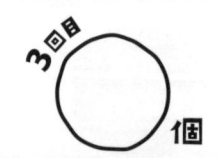

何個言えた？　1回目　個　2回目　個　3回目　個

すらすら英単語 76

町にあるもの

1. 学校 — school
2. 図書館 — library
3. 駅 — station
4. コンビニ — convenience store
5. 消防署 — fire station
6. 警察署 — police station
7. バス停 — bus stop
8. 銀行 — bank
9. デパート — department store
10. レストラン — restaurant
11. 自動販売機 — vending machine
12. 商店街 — mall
13. 映画館 — movie theater
14. 郵便局 — post office
15. ガソリンスタンド — gas station
16. 病院 — hospital
17. 博物館 — museum
18. 工場 — factory
19. 公園 — park
20. スーパー — supermarket

＼言ってみよう！／

- Are there any convenience stores near here?
- Yes. It's over there.

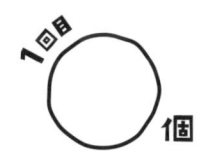

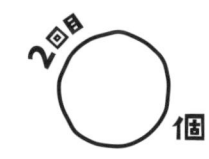

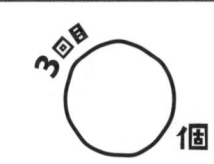

何個言えた？ 1回目 ___個 2回目 ___個 3回目 ___個

すらすら英単語 77

時 time ③

①	1年	①	year
②	1か月	②	month
③	1週間	③	week
④	1日	④	day
⑤	1時間	⑤	hour
⑥	1分	⑥	minute
⑦	1秒	⑦	second
⑧	週末	⑧	weekend
⑨	平日	⑨	weekday
⑩	朝	⑩	morning
⑪	昼	⑪	afternoon
⑫	晩	⑫	evening
⑬	夜	⑬	night
⑭	夜の12時（真夜中）	⑭	midnight
⑮	昼の12時	⑮	noon
⑯	明日	⑯	tomorrow
⑰	あさって	⑰	the day after tomorrow
⑱	昨日	⑱	yesterday
⑲	おととい	⑲	the day before yesterday
⑳	毎日	⑳	every day

＼言ってみよう！／

When do you play tennis?　　I play tennis every day.

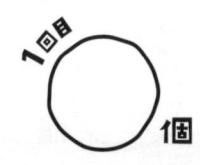

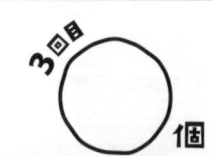

すらすら英単語 78

比較級・最上級

原級	比較級	最上級
① old	① older	the oldest
② new	② newer	the newest
③ big	③ bigger	the biggest
④ large	④ larger	the largest
⑤ small	⑤ smaller	the smallest
⑥ long	⑥ longer	the longest
⑦ short	⑦ shorter	the shortest
⑧ heavy	⑧ heavier	the heaviest
⑨ light	⑨ lighter	the lightest
⑩ fast	⑩ faster	the fastest
⑪ pretty	⑪ prettier	the prettiest
⑫ beautiful	⑫ more beautiful	the most beautiful
⑬ interesting	⑬ more interesting	the most interesting
⑭ exciting	⑭ more exciting	the most exciting
⑮ dangerous	⑮ more dangerous	the most dangerous
⑯ famous	⑯ more famous	the most famous
⑰ popular	⑰ more popular	the most popular
⑱ fun	⑱ more fun	the most fun
⑲ good	⑲ better	the best
⑳ bad	⑳ worse	the worst

＼言ってみよう！／

What is the most interesting subject?　　It's English.

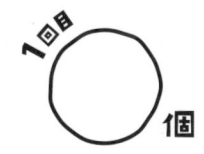

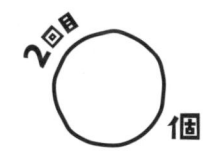

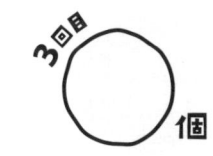

すらすら英単語 79

不規則動詞③　受け身でよく使う動詞

原形	過去形	過去分詞形
① speak	① spoke	spoken
② write	② wrote	written
③ eat	③ ate	eaten
④ use	④ used	used
⑤ break	⑤ broke	broken
⑥ sing	⑥ sang	sung
⑦ love	⑦ loved	loved
⑧ know	⑧ knew	known
⑨ take	⑨ took	taken
⑩ draw	⑩ drew	drawn
⑪ throw	⑪ threw	thrown
⑫ teach	⑫ taught	taught
⑬ grow	⑬ grew	grown
⑭ make	⑭ made	made
⑮ build	⑮ built	built
⑯ read	⑯ read	read
⑰ hear	⑰ heard	heard
⑱ say	⑱ said	said
⑲ buy	⑲ bought	bought
⑳ give	⑳ gave	given

＼言ってみよう！／

Is English spoken in your country?　　No. Japanese is spoken.

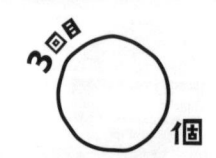

何個言えた？　1回目 □個　2回目 □個　3回目 □個

すらすら英単語 80

現在完了形① 継続

氏名

意味	原形（※は現在形）	過去形	過去分詞形
① 住んでいる	❶ live	lived	lived
② 勉強する	❷ study	studied	studied
③ 遊ぶ・する	❸ play	played	played
④ 使う	❹ use	used	used
⑤ 愛している	❺ love	loved	loved
⑥ 飼っている	❻ keep	kept	kept
⑦ 持っている	❼ have	had	had
⑧ 読む	❽ read	read	read
⑨ 働く	❾ work	worked	worked
⑩ 教える	❿ teach	taught	taught
⑪ 集める	⓫ collect	collected	collected
⑫ 歌う	⓬ sing	sang	sung
⑬ 滞在する	⓭ stay	stayed	stayed
⑭ 学ぶ	⓮ learn	learned	learned
⑮ 練習する	⓯ practice	practiced	practiced
⑯ なくす	⓰ lose	lost	lost
⑰ のぞく	⓱ peep	peeped	peeped
⑱ 知っている	⓲ know	knew	known
⑲ ～にいる	⓳ be (am / is / are)※	was / were	been
⑳ 欲しい	⓴ want	wanted	wanted

＼言ってみよう！／

How long have you lived here?

I have lived here for 14 years.

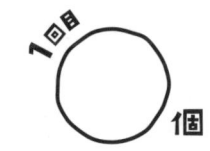

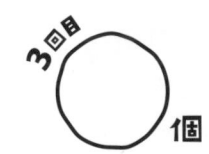

何個言えた？

すらすら英単語 81

現在完了形② 経験

意味	原形（※は現在形）	過去形	過去分詞形
① 訪問する	① visit	visited	visited
② 食べる	② eat	ate	eaten
③ 乗る	③ ride	rode	ridden
④ さわる	④ touch	touched	touched
⑤ 見る	⑤ see	saw	seen
⑥ 見る	⑥ watch	watched	watched
⑦ 会う	⑦ meet	met	met
⑧ 歌う	⑧ sing	sang	sung
⑨ 泳ぐ	⑨ swim	swam	swum
⑩ 買う	⑩ buy	bought	bought
⑪ ～にいる	⑪ be (am／is／are)※	was／were	been
⑫ 書く	⑫ write	wrote	written
⑬ 作る	⑬ make	made	made
⑭ 料理する	⑭ cook	cooked	cooked
⑮ 読む	⑮ read	read	read
⑯ 壊す	⑯ break	broke	broken
⑰ 聞く	⑰ hear	heard	heard
⑱ 遊ぶ	⑱ play	played	played
⑲ 飲む	⑲ drink	drank	drunk
⑳ 得る	⑳ get	got	got, gotten

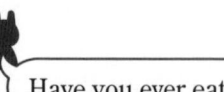

＼言ってみよう！／

Have you ever eaten sushi?

Yes. Many times〔Once／Twice〕.

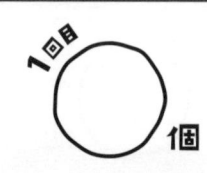

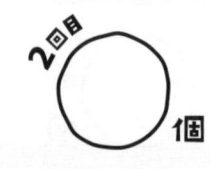

何個言えた？　1回目　□個　2回目　□個　3回目　□個

すらすら英単語 82

現在完了形③　完了

意味	原形	過去形	過去分詞形
① 終える	❶ finish	finished	finished
② 食べる	❷ eat	ate	eaten
③ 書く	❸ write	wrote	written
④ 作る	❹ make	made	made
⑤ ～する	❺ do	did	done
⑥ 料理する	❻ cook	cooked	cooked
⑦ 読む	❼ read	read	read
⑧ 戻す	❽ return	returned	returned
⑨ 来る	❾ come	came	come
⑩ 行く	❿ go	went	gone
⑪ 始める	⓫ begin	began	begun
⑫ 飲む	⓬ drink	drank	drunk
⑬ 洗う	⓭ wash	washed	washed
⑭ 掃除する	⓮ clean	cleaned	cleaned
⑮ なくす	⓯ lose	lost	lost
⑯ 見つける	⓰ find	found	found
⑰ 去る	⓱ leave	left	left
⑱ 閉める	⓲ close	closed	closed
⑲ 到着する	⓳ arrive	arrived	arrived
⑳ 受け取る	⓴ receive	received	received

＼言ってみよう！／

Have you read this book yet?

Yes. I have already read it.

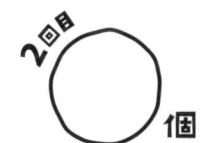

何個言えた？　1回目　◯個　2回目　◯個　3回目　◯個

すらすら英単語 83

形容詞④　It構文でよく使う形容詞

①	簡単な	①	easy
②	難しい	②	difficult
③	良い	③	good
④	楽しい	④	fun
⑤	面白い	⑤	interesting
⑥	ワクワクする	⑥	exciting
⑦	重要な	⑦	important
⑧	困難な	⑧	hard
⑨	可能な	⑨	possible
⑩	不可能な	⑩	impossible
⑪	無駄な	⑪	useless
⑫	役に立つ	⑫	useful
⑬	退屈な	⑬	boring
⑭	必要な	⑭	necessary
⑮	やりがいのある	⑮	challenging
⑯	価値がある	⑯	worth
⑰	素晴らしい	⑰	wonderful
⑱	快適な	⑱	comfortable
⑲	魅力的な	⑲	attractive
⑳	必要不可欠な	⑳	essential

言ってみよう！

Is it easy for you to get up early?

No. It's difficult for me.

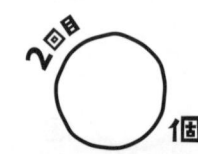

何個言えた？　1回目　　個　2回目　　個　3回目　　個

すらすら英単語 84

氏名 _____

make A B で使える語

①	幸せな	1	happy
②	悲しい	2	sad
③	怒って	3	angry
④	おびえて	4	scared
⑤	疲れて	5	tired
⑥	興奮して	6	excited
⑦	退屈して	7	bored
⑧	びっくりして	8	surprised
⑨	困って	9	confused
⑩	心配して	10	worried
⑪	安心して	11	relieved
⑫	がっかりして	12	disappointed
⑬	激怒して	13	mad
⑭	人気のある	14	popular
⑮	有名な	15	famous
⑯	裕福な	16	rich
⑰	緊張した	17	nervous
⑱	貧しい	18	poor
⑲	泣く	19	cry
⑳	笑う	20	laugh

＼言ってみよう！／

You look sad. What happened?

Hotaru-no-haka made me sad.

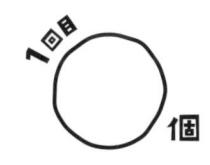

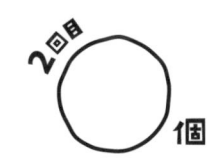

何個言えた？　1回目 ___個　2回目 ___個　3回目 ___個

すらすら英単語 ⑧⑤

アメリカの「州」には愛称がある・他

【アメリカの州】
1. New York 「ニューヨーク」
2. Minnesota 「ミネソタ」
3. Missouri 「ミズーリ」
4. Kansas 「カンザス」
5. California 「カリフォルニア」
6. Hawaii 「ハワイ」
7. Montana 「モンタナ」
8. Nevada 「ネバダ」
9. Tennessee 「テネシー」
10. Louisiana 「ルイジアナ」
11. Georgia 「ジョージア」
12. Florida 「フロリダ」

【アメリカの都市】
13. New York 「ニューヨーク」

【日本の県・他】
14. 埼玉県
15. 岡山県
16. 熊本県
17. 鹿苑寺（ろくおんじ）
18. 慈照寺（じしょうじ）
19. ドリアン
20. マンゴスチン

【愛称＝ニックネーム】
1. Empire State
2. North Star State
3. Show-Me State
4. Sunflower State
5. Golden State
6. Aloha State
7. Treasure State
8. Silver State
9. Volunteer State
10. Pelican State
11. Peach State
12. Sunshine State

13. Big Apple

14. 彩（さい）の国（くに）
15. 晴れの国
16. 火の国
17. 金閣寺
18. 銀閣寺
19. the King of fruit
20. the Queen of fruit

＼言ってみよう！／

What do you call that state? — We call it "Pelican State."

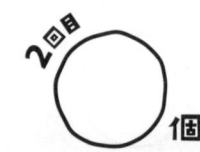

何個言えた？　1回目　個　　2回目　個　　3回目　個

すらすら英単語 86

副詞

①	早く	①	early
②	速く	②	fast
③	ゆっくりと	③	slowly
④	美しく	④	beautifully
⑤	静かに	⑤	quietly
⑥	大声で	⑥	loudly
⑦	上手に	⑦	well
⑧	滑らかに	⑧	smoothly
⑨	きつく	⑨	tightly
⑩	ゆるく	⑩	loosely
⑪	急いで	⑪	quickly
⑫	単純に	⑫	simply
⑬	簡単に	⑬	easily
⑭	親切に	⑭	kindly
⑮	注意深く	⑮	carefully
⑯	丁寧に	⑯	politely
⑰	怒って	⑰	angrily
⑱	うれしそうに	⑱	happily
⑲	強く	⑲	strongly
⑳	弱く	⑳	weakly

言ってみよう！

Please speak slowly.

Oh, sorry.

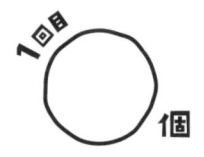

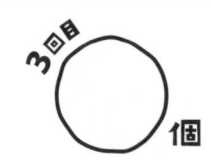

すらすら英単語 87

病気・他

①	風邪	①	cold
②	インフルエンザ	②	flu
③	熱	③	fever
④	切り傷	④	cut
⑤	腹痛	⑤	stomachache
⑥	頭痛	⑥	headache
⑦	歯の痛み	⑦	toothache
⑧	のどの痛み	⑧	sore throat
⑨	鼻水	⑨	runny nose
⑩	下痢	⑩	diarrhea
⑪	花粉症	⑪	hay fever
⑫	ねんざ	⑫	sprain
⑬	骨折	⑬	fracture
⑭	痛み	⑭	pain
⑮	虫歯	⑮	cavity
⑯	咳	⑯	cough
⑰	発疹	⑰	rash
⑱	患者	⑱	patient
⑲	包帯	⑲	bandage
⑳	薬	⑳	medicine

＼言ってみよう！／

I have a headache.

That's too bad. You should take a medicine.

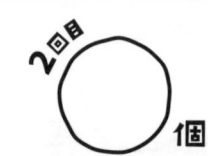

何個言えた？　1回目　　個　　2回目　　個　　3回目　　個

すらすら英単語 88

身体のトラブル

①	めがね	1	glasses
②	コンタクトレンズ	2	contact lens
③	耳あか	3	earwax
④	目薬	4	eyewash
⑤	まつ毛	5	eyelash
⑥	耳掻き	6	earpick
⑦	耳の痛み	7	earache
⑧	鼻くそ	8	snot
⑨	鼻水	9	runny nose
⑩	鼻づまり	10	sniffles
⑪	目やに	11	eye mucus
⑫	不眠症	12	sleeplessness
⑬	痛み	13	pain
⑭	痛み止め	14	painkiller
⑮	のどの痛み	15	sore throat
⑯	風邪薬	16	cold medicine
⑰	胃腸薬	17	digestive medicine
⑱	解熱剤	18	febrifuge
⑲	錠剤	19	tablet
⑳	食欲	20	appetite

\言ってみよう！／

How are you?　　　I have a runny nose.

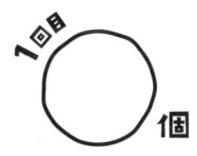

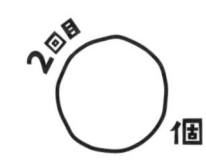

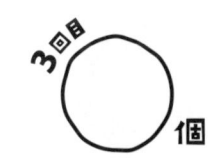

すらすら英単語 89

植物 flower and tree

①	タンポポ	①	dandelion
②	バラ	②	rose
③	ユリ	③	lily
④	桜	④	cherry blossom
⑤	種	⑤	seed
⑥	茎(くき)	⑥	stem
⑦	根	⑦	root
⑧	葉	⑧	leaf
⑨	実	⑨	fruit
⑩	枝	⑩	branch
⑪	草	⑪	grass
⑫	ツツジ	⑫	azalea
⑬	菊	⑬	chrysanthemum
⑭	松	⑭	pine
⑮	竹	⑮	bamboo
⑯	梅	⑯	plum
⑰	カエデ	⑰	maple
⑱	杉	⑱	cedar
⑲	ひまわり	⑲	sunflower
⑳	チューリップ	⑳	tulip

＼言ってみよう！／

What flower do you like?
I like tulips.

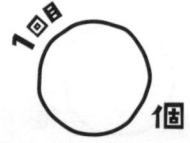

何個言えた？ 1回目 ◯個 2回目 ◯個 3回目 ◯個

すらすら英単語 90

道案内

1. 角 — corner
2. ブロック（区画） — block
3. 信号 — traffic lights
4. 横断歩道 — crosswalk
5. 線路 — railway track
6. バス停 — bus stop
7. パン屋 — bakery
8. 花屋 — flower shop
9. 歯科医院 — dental clinic
10. 道路 — road
11. 左 — left
12. 右 — right
13. まっすぐ — straight
14. 交番 — police box
15. 駐車場 — parking lot
16. 地下鉄 — subway
17. 駅 — station
18. 一方通行 — one-way traffic
19. 行き止まり — dead-end
20. 地図 — map

＼言ってみよう！／

- Could you tell me the way to the bookstore?
- Go along this street.

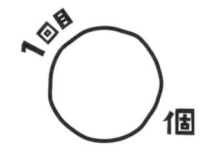

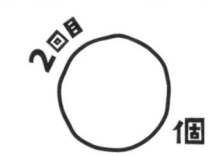

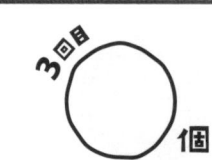

すらすら英単語 91　氏名

学校内にあるもの①

①	教室	①	classroom
②	校門	②	school gate
③	職員室	③	teachers' room
④	事務室	④	office
⑤	音楽室	⑤	music room
⑥	理科室	⑥	science room
⑦	美術室	⑦	art room
⑧	木工室	⑧	woodwork room
⑨	金工室	⑨	metalwork room
⑩	コンピュータ室	⑩	computer room
⑪	校長室	⑪	principal's office
⑫	調理室	⑫	cooking room
⑬	被服室	⑬	clothes room
⑭	視聴覚室	⑭	audio-visual room
⑮	相談室	⑮	counselor's office
⑯	トイレ	⑯	restroom
⑰	保健室	⑰	nurse's room
⑱	体育館	⑱	gym
⑲	図書館	⑲	library
⑳	放送室	⑳	broadcasting room

＼言ってみよう！／

Excuse me, where is the nurse's room?　　Go down the stairs.

何個言えた？　1回目 ◯個　2回目 ◯個　3回目 ◯個

すらすら英単語 92

学校内にあるもの ②

① 校舎	① school building
② 正面玄関	② main entrance
③ 昇降口	③ entrance
④ 階段	④ stairs
⑤ 1階	⑤ first floor / ground floor
⑥ 2階	⑥ second floor / first floor
⑦ 3階	⑦ third floor / second floor
⑧ 駐輪場	⑧ bicycle parking space
⑨ 花壇	⑨ flower bed
⑩ テニスコート	⑩ tennis court
⑪ 競技場	⑪ stadium
⑫ プール	⑫ pool
⑬ ブランコ	⑬ swing
⑭ サッカーゴール	⑭ soccer goal
⑮ バスケットコート	⑮ basketball court
⑯ シーソー	⑯ see-saw
⑰ ベンチ	⑰ bench
⑱ 倉庫	⑱ warehouse
⑲ ラインカー	⑲ line car
⑳ 石灰	⑳ lime

＼言ってみよう！／

Where is 3-2 class?

It's on the third floor. Just up there.

何個言えた？　1回目　個　2回目　個　3回目　個

すらすら英単語 93

学校生活 school life

①	運動会	Sports Day
②	学校祭	school festival
③	合唱コンクール	chorus contest
④	修学旅行	school trip
⑤	避難訓練	fire drill
⑥	入学式	entrance ceremony
⑦	始業式	opening ceremony
⑧	卒業式	graduation ceremony
⑨	健康診断	physical checkup
⑩	中間試験	midterm test
⑪	期末試験	final test
⑫	給食	school lunch
⑬	掃除の時間	cleaning time
⑭	朝会	morning assembly
⑮	日直	day duty
⑯	日誌	class diary
⑰	遅刻	late
⑱	欠席	absence
⑲	休み時間	break
⑳	遠足	excursion

言ってみよう！

When will the school festival be held?
It will be held on Nov. 22nd.

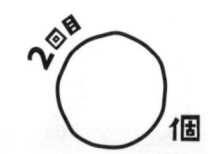

何個言えた？　1回目　2回目　3回目

すらすら英単語 94

遊び amusement

① 映画 — ① movie
② チケット — ② ticket
③ 遊園地 — ③ amusement park
④ ジェットコースター — ④ roller coaster
⑤ アトラクション — ⑤ attraction
⑥ パレード — ⑥ parade
⑦ 観覧車 — ⑦ Ferris wheel
⑧ ショー — ⑧ show
⑨ オバケ屋敷 — ⑨ haunted house
⑩ かくれんぼ — ⑩ hide and seek
⑪ 腕相撲 — ⑪ arm wrestling
⑫ 紙飛行機 — ⑫ paper plane
⑬ ビリヤード — ⑬ billiards
⑭ テレビゲーム — ⑭ video game
⑮ ドッジボール — ⑮ dodge ball
⑯ シャボン玉 — ⑯ soap bubble
⑰ キャッチボール — ⑰ catch
⑱ なわとび — ⑱ jump rope
⑲ トランプ — ⑲ cards
⑳ オセロゲーム — ⑳ Othello game

言ってみよう！

What do you want to do?
I want to go to see a movie.

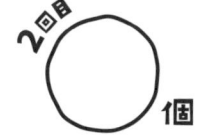

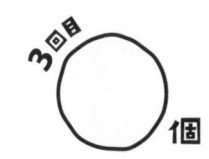

何個言えた？　1回目 ___個　2回目 ___個　3回目 ___個

すらすら英単語 95

地理

①	国	①	country
②	首都	②	capital
③	県	③	prefecture
④	市	④	city
⑤	村	⑤	village
⑥	町	⑥	town
⑦	区	⑦	ward
⑧	州	⑧	state
⑨	島	⑨	island
⑩	半島	⑩	peninsula
⑪	大陸	⑪	continent
⑫	国境	⑫	border
⑬	海岸	⑬	coast
⑭	田舎（いなか）	⑭	country
⑮	山	⑮	mountain
⑯	川	⑯	river
⑰	山脈	⑰	mountain range
⑱	石油	⑱	oil
⑲	石炭	⑲	coal
⑳	発電所	⑳	power plant

言ってみよう！

Which prefecture are you from?　　I'm from Chiba.

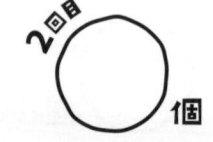

何個言えた？　1回目 ○個　2回目 ○個　3回目 ○個

すらすら英単語 96

性格を表す言葉

①	優しい	①	gentle
②	親切な	②	kind
③	穏やかな	③	calm
④	頑固な	④	stubborn
⑤	欲張りな	⑤	greedy
⑥	頼りがいのある	⑥	reliable
⑦	臆病な	⑦	coward
⑧	賢い	⑧	wise／clever
⑨	勇敢な	⑨	brave
⑩	謙虚な	⑩	modest
⑪	礼儀正しい	⑪	polite
⑫	無礼な	⑫	rude／impolite
⑬	活発な	⑬	active
⑭	明るい	⑭	cheerful
⑮	わがままな	⑮	selfish
⑯	勤勉な	⑯	hardworking
⑰	人なつっこい	⑰	friendly
⑱	奇妙な	⑱	strange
⑲	弱い	⑲	weak
⑳	強い	⑳	strong

＼言ってみよう！／

Can you describe Ken?

He is a friendly man.

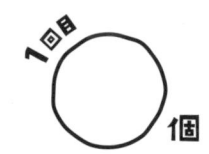

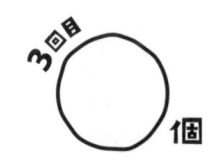

すらすら英単語 97

評価する言葉

①	すごい	①	great
②	すてき	②	nice
③	完璧な	③	perfect
④	すぐれた	④	excellent
⑤	良い	⑤	good
⑥	悪い	⑥	bad
⑦	貴重な	⑦	valuable
⑧	甘い	⑧	sweet
⑨	価値のある	⑨	worthy
⑩	おいしい	⑩	delicious
⑪	苦い	⑪	bitter
⑫	すっぱい	⑫	sour
⑬	高価な	⑬	expensive
⑭	安価な	⑭	cheap
⑮	ばかげた	⑮	foolish
⑯	奇妙な	⑯	strange
⑰	素晴らしい・すごくいい	⑰	terrific
⑱	ひどい	⑱	awful
⑲	なめらかな	⑲	smooth
⑳	ざらざらした	⑳	rough

＼言ってみよう！／

What do you think of it?   I think it's great.

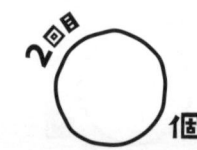

何個言えた？　1回目 〇個　2回目 〇個　3回目 〇個

すらすら英単語 98

お出かけ

①	バス	①	bus
②	電車	②	train
③	時刻表	③	timetable
④	駅	④	station
⑤	タクシー乗り場	⑤	taxi stand
⑥	バス停	⑥	bus stop
⑦	運転手	⑦	driver
⑧	空港	⑧	airport
⑨	港	⑨	port
⑩	料金	⑩	fare
⑪	定期券	⑪	commutation ticket
⑫	券売機	⑫	ticket vending machine
⑬	待合室	⑬	waiting room
⑭	改札口	⑭	ticket gate
⑮	プラットフォーム	⑮	platform
⑯	片道	⑯	one way
⑰	往復	⑰	round trip
⑱	遅れ	⑱	delay
⑲	バスの時刻表	⑲	bus timetable
⑳	停車駅	⑳	stop

＼言ってみよう！／

How many stops are there to Shinjuku? — Five stops.

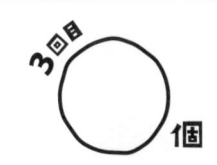

何個言えた？　1回目　2回目　3回目

すらすら英単語 99

本 book・雑誌 magazine

氏名 _____

①	カバー	①	jacket
②	タイトル	②	title
③	著者	③	author
④	イラスト	④	illustration
⑤	ページ番号	⑤	page number
⑥	しおり	⑥	bookmark
⑦	表紙	⑦	cover
⑧	目次	⑧	contents
⑨	索引	⑨	index
⑩	章	⑩	chapter
⑪	出版社	⑪	publisher
⑫	翻訳	⑫	translation
⑬	翻訳家	⑬	translator
⑭	絶版	⑭	out of print
⑮	文庫本	⑮	paperback
⑯	電子書籍	⑯	digital book
⑰	読書	⑰	reading
⑱	最新刊	⑱	new publication
⑲	バックナンバー	⑲	back number
⑳	記事	⑳	article

＼言ってみよう！／

Where can I find the picture?

Look at the contents.

何個言えた？　1回目 ◯個　2回目 ◯個　3回目 ◯個

すらすら英単語 100

プロフィール profile

氏名 _____

①	名前	①	name
②	ニックネーム	②	nickname
③	年齢	③	age
④	性別	④	sex
⑤	誕生日	⑤	birthday
⑥	血液型	⑥	blood type
⑦	趣味	⑦	hobby
⑧	特技	⑧	special skill
⑨	長所	⑨	merit ／ strong point
⑩	短所	⑩	demerit ／ weak point
⑪	住所	⑪	address
⑫	電話番号	⑫	telephone number
⑬	星座	⑬	sign
⑭	家族	⑭	family
⑮	目標	⑮	goal
⑯	夢	⑯	dream
⑰	似顔絵	⑰	portrait
⑱	国籍	⑱	nationality
⑲	既婚	⑲	married
⑳	未婚	⑳	unmarried

＼言ってみよう！／

Can I have your name, please?　　Yes. My name is Chinami.

何個言えた？　1回目 ___個　2回目 ___個　3回目 ___個

英語コラム

小学校外国語活動により語彙力の幅が広がった！

　平成23年度より小学校5・6年生で週1時間の外国語活動が始まった。週1時間というのが何よりのポイントである。以前はやってはいても，定期的ではなかったので，飛び飛びで授業があったり，1か月に数回であったり，不規則であった。しかしそれが，毎週1時間，「時間割に入った」のである。30年近く小学校英語への議論がなされ，ようやく…である。

　さて，そんな小学校外国語活動を経験してきた生徒と以前の生徒を比べると「語彙力」に変化がある。例えば，以前の中学生であれば，「ゾウ」や「キリン」「シマウマ」「トラ」など動物の名前さえも知らなかった。中学3年生で関係代名詞の入ったWho am I クイズをやり，ヒントとして，"I am an animal that has a long nose."と言うと答えがわかった生徒が，「先生。日本語でもいい？」と聞いてくるようなことが多々あった。また「先生，シマウマって何て言うの？」という状態であったのである。しかし現在，小学校では，低学年のうちから英語を取り入れる学校もあり，monkey, rabbit, gorilla などの動物名に慣れ親しみ，中には，hippo（カバ），rhino（サイ）などの語彙まで知っている児童もいる。

　実は，この「すらすら英単語」も第1回目は，動物名である。中学1年生の4月。生徒との出会いの最初で「みんなどのくらい動物名知っている？」と言いながら，口頭で「イヌは？」（生徒：dog）「ネコは？」（生徒：cat）「すごいね〜〜〜」「じゃ，ウサギは？」（生徒：rabbit）のように，生徒が小学校で培った語彙を"重ねて"授業することで，小中の連携となり，生徒も「おっ！　やればできるかも…」という思いを持ったり，「中学の英語もできるぞ！」と思わせたりすることがねらいである。しかし，それで終わっていたら，小学校外国語活動をなぞっているだけである。小学校英語との"差別化"も入れてみたい。例えば，第1回の動物編では，20番に「ラクダ」がある。この「ラクダ」を知っている生徒はあまりいないかと思う。そこで，「じゃ，これはわかるかな？」「ラクダ…」と言ってみる。ここで，生徒から英語が出てこなければ，ラッキーである。中学英語の出番である。生徒は学習する甲斐がある。だいたいは知っているけれど，「あれ？　これは知らなかったなあ」というものが出てきた時に，スイッチが入り，記憶に残るのである。そんな仕掛けを最初の何回かで作ってあげると一気に英語モードになる。第3回では「野菜」を取り上げているが，だいたいは知っていても，「ほうれん草」や「ピーマン」「しょうが」「にんにく」「ニラ」など知らない語彙があるだろう。「飲み物のジンジャーエールって，材料は，しょうがなんだね」と言うと，言葉には意味があるということや，第2回のgrapefruitって，どうして「grape（ぶどう）がついているの？」というような言葉の中にある文化をも説明してあげると，英語という言葉に興味を持つ生徒が育っていく。

　小学校外国語活動には，「言語や文化への気づき」という評価項目がある。まさに，「気づき」（へえ〜〜〜）が与えられると生徒は興味を持つようになる。

　　　　　　　　　　　　　　　　　　　　　　　　　　　　　　　　（瀧沢広人）

Chapter 3

英検対策もできる!
「すらすら英熟語」160

すらすら英熟語 1

氏名 _____

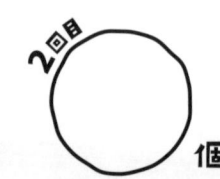

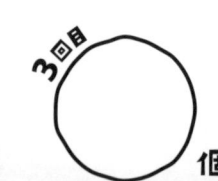

「英検5級」によくでる熟語集①

①	買い物に行く	❶	go shopping
②	ベッドで寝る	❷	sleep in bed
③	宿題をする	❸	do my homework
④	～する時間	❹	it's time to ～
⑤	～を聞く	❺	listen to ～
⑥	どこの出身ですか？	❻	Where are you from?
⑦	～を見なさい	❼	look at ～
⑧	～に住んでいる	❽	live in ～
⑨	起きる	❾	get up
⑩	私は～の出身です。	❿	I'm from ～.
⑪	ようこそ～へ	⓫	welcome to ～
⑫	～してもいいですか？	⓬	Can I ～?
⑬	いいえ，結構です。	⓭	No, thanks.
⑭	釣りに行く	⓮	go fishing
⑮	寝る	⓯	go to bed
⑯	泳ぎに行く	⓰	go swimming
⑰	～をありがとう。	⓱	Thank you for ～.
⑱	～してうれしい	⓲	be happy to ～
⑲	～するな。	⓳	Don't ～.
⑳	（ぜひ）～したい。	⓴	I'd love to ～.

チェック！　1回目 ___ 個　2回目 ___ 個　3回目 ___ 個

すらすら英熟語 2

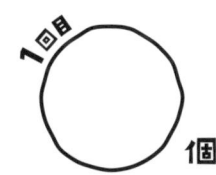

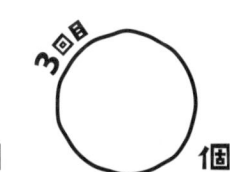

氏名 _____

「英検5級」によくでる熟語集②

①	放課後	①	after school
②	コップ一杯の	②	a cup of
③	午前中に	③	in the morning
④	夕食前に	④	before dinner
⑤	とても上手に	⑤	very well
⑥	たくさんの	⑥	a lot of ～
⑦	少し	⑦	a little
⑧	あなたも	⑧	you too
⑨	自転車で	⑨	by bicycle
⑩	テレビで	⑩	on TV
⑪	大きいですか？ 小さいですか？	⑪	Large or small?
⑫	何曜日？	⑫	What day of the week?
⑬	あなたは？	⑬	How about you?
⑭	いくら？	⑭	How much?
⑮	いくつ？	⑮	How many?
⑯	グラス一杯の	⑯	a glass of ～
⑰	私も	⑰	me too
⑱	いいですよ	⑱	all right
⑲	向こう側に	⑲	over there
⑳	もちろん	⑳	of course／sure

チェック！　1回目 ◯個　2回目 ◯個　3回目 ◯個

すらすら英熟語 ③

氏名 _____

「英検4級」によくでる熟語集①

① 写真を撮る
② 〜に似ている
③ 〜しなければいけない
④ 電話をありがとう。
⑤ 〜が得意である
⑥ 疲れている
⑦ 〜を探す
⑧ 外出する
⑨ キャッチボールをする
⑩ BよりもAが好き
⑪ いらっしゃいませ。
⑫ AをBに連れていく
⑬ 〜を待つ
⑭ 〜に到着する
⑮ 学校に着く
⑯ 〜に戻る
⑰ 〜の用意はいい？
⑱ 〜に遅刻する
⑲ 私は〜部にいます。
⑳ 〜と友達になる

① take pictures
② look like 〜
③ have to 〜／must 〜
④ Thank you for calling.
⑤ be good at 〜
⑥ be tired
⑦ look for 〜
⑧ go out
⑨ play catch
⑩ like A better than B
⑪ Can I help you?
⑫ take A to B
⑬ wait for 〜
⑭ arrive at 〜／reach 〜
⑮ get to school
⑯ go back to 〜
⑰ Are you ready for 〜?
⑱ be late for 〜
⑲ I'm in the 〜 club.
⑳ make friends with 〜

チェック！ → 1回目 ___ 個　2回目 ___ 個　3回目 ___ 個

すらすら英熟語 ４

「英検４級」によくでる熟語集②

① 家で
② よい休日を。
③ 注意して
④ 去年
⑤ ～の一員
⑥ すぐに
⑦ ９時から10時まで
⑧ 飲み物
⑨ 食べ物
⑩ １週間に２回
⑪ がんばって。
⑫ たくさんの
⑬ 朝早く
⑭ 例えば
⑮ 問題なし。
⑯ 私もそう思う。
⑰ 週末には
⑱ ちょっと待って。
⑲ え～と。
⑳ ＡとＢの両方とも

① at home
② Have a nice holiday.
③ be careful
④ last year
⑤ a group of ～
⑥ at once
⑦ from 9 to 10
⑧ something to drink
⑨ something to eat
⑩ twice a week
⑪ Good luck.
⑫ lots of ～
⑬ early in the morning
⑭ for example
⑮ No problem.
⑯ I think so, too.
⑰ on weekends
⑱ Just a moment.
⑲ Let me see.
⑳ both A and B

チェック！→　1回目　　2回目　　3回目
　　　　　　　個　　　　個　　　　個

すらすら英熟語 5

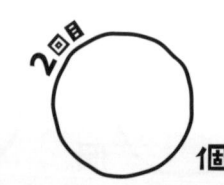

「英検4級」によくでる熟語集③

①	～によろしく言う	❶	say hello to ～
②	～する必要はない	❷	don't have to ～
③	時間です。	❸	Time is up.
④	テストは終了です。	❹	The test is over.
⑤	～に話しかける	❺	talk to ～
⑥	私は，～で忙しい。	❻	I'm busy with ～.
⑦	～してくれてありがとう。	❼	Thank you for ～ing.
⑧	～したい	❽	want to ～
⑨	～を脱ぐ	❾	take off ～
⑩	散歩に出かける	❿	go for a walk
⑪	～するのは初めて。	⓫	It's my first time to ～.
⑫	電車に乗る	⓬	take a train
⑬	心配するな。	⓭	Don't worry.
⑭	（電車を）降りる	⓮	get off (the train)
⑮	病気で寝ている	⓯	be sick in bed
⑯	～のメンバーである	⓰	be a member of ～
⑰	よいご旅行を。	⓱	Have a nice trip.
⑱	絵を描く	⓲	draw pictures
⑲	～と話をする	⓳	talk with ～
⑳	目を覚ます	⓴	wake up

チェック！ 1回目 ___個　2回目 ___個　3回目 ___個

すらすら英熟語 ６

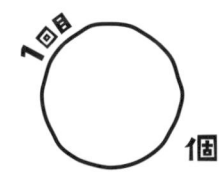

「英検４級」によくでる熟語集④

①	～に向けて出発する	❶	leave for ～
②	左に曲がりなさい。	❷	Turn left.
③	どんな種類の～？	❸	What kind of ～?
④	～に驚く	❹	be surprised at ～
⑤	たぶん。	❺	Maybe.
⑥	～を欠席する	❻	be absent from ～
⑦	２～３の	❼	a few
⑧	良い時を過ごす	❽	have a good time
⑨	～するのを忘れる	❾	forget to ～
⑩	家を出る	❿	leave home
⑪	テレビを消す。	⓫	Turn off the TV.
⑫	～が待ち遠しい	⓬	can't wait for ～
⑬	将来	⓭	in the future
⑭	その後で	⓮	after that
⑮	お互いに	⓯	each other
⑯	机に向かって	⓰	at the desk
⑰	～に興味がある	⓱	be interested in ～
⑱	暇な時	⓲	in my free time
⑲	私は～したい。	⓳	I would like to ～.
⑳	少しの間	⓴	for a minute

チェック！ → 1回目 ◯個　2回目 ◯個　3回目 ◯個

すらすら英熟語 7

「英検3級」によくでる熟語集①

① 〜が自慢だ
② 〜で有名だ
③ 〜する時間がない
④ 〜することを決心する
⑤ 〜に参加する
⑥ 〜が心配だ
⑦ 間違いをする
⑧ ところで
⑨ 世界中で
⑩ 最初
⑪ 拾う
⑫ 帽子をかぶっている男の子
⑬ 眼鏡をかけている男の子
⑭ 〜で作られている
⑮ 〜で覆われている
⑯ 散歩する
⑰ 〜と違っている
⑱ 〜から遠い
⑲ 暗くなる
⑳ 私は1995年に生まれた。

① be proud of 〜
② be famous for 〜
③ have no time to 〜
④ decide to 〜
⑤ take part in 〜／join 〜
⑥ be worried about 〜
⑦ make a mistake
⑧ by the way
⑨ all over the world
⑩ at first
⑪ pick up
⑫ the boy with the cap
⑬ the boy wearing glasses
⑭ be made of 〜
⑮ be covered with 〜
⑯ take a walk
⑰ be different from 〜
⑱ be far from 〜
⑲ get dark
⑳ I was born in 1995.

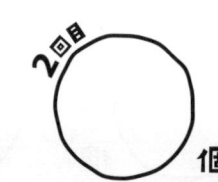

チェック！　1回目　　個　　2回目　　個　　3回目　　個

すらすら英熟語 8

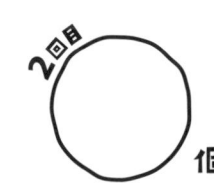

「英検3級」によくでる熟語集②

①	～に行ったことがある	❶	have been to ～
②	～することができる	❷	be able to ～
③	～に行く途中	❸	on the way to ～
④	～から帰る途中	❹	on the way back from ～
⑤	～を怖がっている	❺	be scared of ～
⑥	仕事で	❻	on business
⑦	興奮する	❼	get excited
⑧	急いでね。	❽	Hurry up.
⑨	ゆっくりね。	❾	Take your time.
⑩	～を楽しみに待つ	❿	look forward to ～ing
⑪	急いで	⓫	in a hurry
⑫	連絡を取り合う	⓬	(Let's) keep in touch
⑬	遠くに	⓭	far away
⑭	夢が叶う	⓮	my dream comes true
⑮	離陸する	⓯	take off
⑯	～の前に	⓰	in front of ～
⑰	～し続ける	⓱	keep ～ing
⑱	欠席する	⓲	be absent from ～
⑲	～でいっぱいだ	⓳	be full of ～
⑳	私の友達の1人	⓴	a friend of mine

チェック！ → 1回目 ◯個　2回目 ◯個　3回目 ◯個

英語コラム

言葉の中にある文化　～小学校外国語活動「言語や文化への気づき」

　英語コラム（p.118）の最後の方に，小学校外国語活動の評価の1つである「言語や文化への気づき」と書いた。ここを極めていくと，英語授業が面白くなる。

　小学校外国語活動のテキストに『Hi, friends!』というのがある。その第1巻の最後のレッスンは，What would you like? である。「食べ物・飲み物」を扱っている。その中にたくさんの言語文化が潜んでいる。しかし，見える人にしか見えないし，見ようとしない人には見えない。例えば，hamburger steak（ハンバーグ）というのがある。ここは hamburg steak なのか hamburger steak なのかという問題もあるが，どうして，あれが「ハンバーガー・ステイク」と言うのだろうか…。そもそも，日本語では「ステーキ」と言う。でも英語では，「ステイク」となる。この音声の差に気づくのも，「言語への気づき」となり，評価の1つに入る。

　さて，私はよく辞書を引く。わからないことがあるとその場で辞書を引く。職員会議中でも校内研修でも，「あれ？」と思った漢字やひらがな表記。辞書を引く。この hamburg steak も辞書で引くと，「ハンバーグはドイツのハンブルグというところからアメリカに伝わった」とあった。そうか！　そこで私は"気づい"た。

　アメリカにはもともとステーキがあった。なので，Hamburg（ハンブルク）から来たステーキということで，hamburg steak と名前が付いたのだ…。ここを強調して児童（小学生）に説明することで，「ああ，ハンバーグには，ステイクという言葉が付くんだな」と気づかせ，その言語文化が印象に残り，興味を持って語彙に触れるようになる。

　同様の例では，タマネギは onion，長ネギは Welsh onion であるから，ウエールズ式のタマネギということになろう。カボチャは，カンボジアが原産国である。カンボジア…カンボジャ…カボジャ…カボチャ…と言葉が変化して伝わった。カンガルーはアボリジニーの言葉で「知らないよ」という意味である。オーストラリアに渡った人がピョンピョン跳ねる動物を見て，"What's that?"と聞いたら，「カンガルー（知らないよ）」と答え，「ああ，カンガルーという動物なんだ」と誤解し，それが動物名になったという。

　外国に行って「パン」を注文しようと，「パン　プリーズ」と言うと，フライパンが出てくる。「シュークリーム　プリーズ」と言うと，靴磨きのクリームが出てくる。「フライ　プリーズ」と言うと，ハエが出てくる。しょうがないから，「カルピス　プリーズ」と言うと，「牛のおしっこ」が出てくる。そんな ALT とのスキットを通して，「普段日本語で使っているカタカナ英語って，意味が違うものもあるんだなあ」と"気づか"せることができる。これが小学校外国語活動の「言語や文化に関する気づき」である。

　このような「へえ～～～」というのが英語を，そして英語の授業を面白くする。言語には文化が潜んでいる。そんな言語文化に視点を当ててみるのも大変面白いだろう。

（瀧沢広人）

おわりに

　英語の時間は週に4時間しかありません。
　当然十分な語彙力の獲得は困難です。
　コミュニケーション能力の育成が大きな課題となっている今，この「すらすら英単語」は大きな意味を持つものであると感じています。

> 「書け」なくてもいいから「言える」単語を増やす

というコンセプトで生まれたのが本書です。
　教室での生徒の反応はいかがでしょうか？
　「これ英語でなんて言うんだろう？　わからない。」となったらコミュニケーションはたちどころにストップしてしまいます。
　生徒たちは英語でコミュニケーションしたいと思っています。
　しかし語彙が不足していることに，もどかしさを感じています。

　この「すらすら英単語」のおかげでコミュニケーション活動が今までよりも格段にスムーズになりました。幅が広がりました。
　例えば，部屋にあるものを説明する活動。
　生活の情景が思い浮かぶものになりました。
　また，口頭でのコミュニケーションだけでなく，書く活動でも威力を発揮します。ファイルに綴じてあるシートをめくりながら英作文に挑戦します。
　例えば，日記を書く活動。
　代わり映えのしない日記が，それぞれのキャラクターがにじみ出る日記に変わります。

　この「すらすら英単語」を作成し，実践していくうちに，改めて，

> 英語力は単語力

ということを実感しました。
　語彙力，単語力はコミュニケーションの中心であり，潤滑剤でもあります。

中学生という時代は吸収するスピードが違います。
　過去に学習したシートを時々読み返すだけでも頭に残る率が高くなります。
　とくに自分の興味のある分野の単語はぐんぐん吸収します。
　この時期に獲得した語彙は一生の財産になると思います。

　たくさんの学校，学級で「すらすら英単語」の実践が広がることを願っています。
　そしてこの実践の広がりとともに，多くの中学生たちが単語力という翼を得て，生き生きとコミュニケーションするようになることを期待しています。

　最後になりましたが，この企画を持ちかけてくださった瀧沢広人先生，ともに執筆してくれた小山田友美氏に心より感謝申し上げます。行動の鈍い私を励まし，原稿の完成まで導いてくださいました。また一緒に仕事をさせていただきたいと思います。
　本書が英語を教えるたくさんの先生方の役に立ち，その先生に学ぶ生徒たちの英語学習の一助となることを祈っています。

2013年10月

岩井敏行

【著者紹介】

瀧沢　広人（たきざわ　ひろと）
1966年，東京都東大和市生まれ。埼玉大学教育学部小学校課程卒業。秩父郡市内の中学校やホーチミン日本人学校を勤務後，現在は小鹿野町立小鹿野小学校に勤務。「楽しい授業」を目指して日々奮闘中。主な著書は『目指せ！英語授業の達人22　教科書を200％活用する！　英語内容理解活動＆読解テスト55』『目指せ！英語授業の達人21　英語授業のユニバーサルデザイン　つまずきを支援する指導＆教材アイデア50』『授業をグーンと楽しくする英語教材シリーズ24　5分間トレーニングで英語力がぐんぐんアップ！　中学生のためのすらすら英会話100』『授業をグーンと楽しくする英語教材シリーズ21　授業を100倍楽しくする！　英語学習パズル＆クイズ』（明治図書）など多数。ジャパンライムからDVDも出ている。

岩井　敏行（いわい　としゆき）
1978年，栃木県鹿沼市生まれ。宇都宮大学教育学部卒業，宇都宮大学教育学部大学院修了。日光市立東原中学校に5年間勤務後，現在は日光市立落合中学校に勤務中。楽しくためになる授業をめざし修業中。主な著書に，『小学英語を楽しく！　"ひとくち英語"日めくりカード集5年生用』（明治図書）がある。

小山田　友美（こやまだ　ゆみ）
1977年，栃木県宇都宮市生まれ。宇都宮大学教育学部を卒業後，公立中学校勤務を経て，現在も家庭教師として小中高生に教え続けている。趣味は，大相撲観戦。稀勢の里関の大ファン。主な著書に，『小学英語を楽しく！　"ひとくち英語"日めくりカード集6年生用』（明治図書）がある。

【本文イラスト】木村　美穂

授業をグーンと楽しくする英語教材シリーズ25
1日5分で英会話の語彙力アップ！
中学生のためのすらすら英単語2000

2013年11月初版第1刷刊　Ⓒ著　者　瀧沢広人・岩井敏行・小山田友美
2019年7月初版第7刷刊　　発行者　藤　原　久　雄
　　　　　　　　　　　　　発行所　明治図書出版株式会社
　　　　　　　　　　　　　　　　　http://www.meijitosho.co.jp
　　　　　　　　　　　（企画）木山麻衣子　（校正）有海有理
　　　　　　　　　　　〒114-0023　東京都北区滝野川7-46-1
　　　　　　　　　　　振替00160-5-151318　電話03(5907)6702
　　　　　　　　　　　ご注文窓口　電話03(5907)6668

＊検印省略　　　　　　　組版所　株式会社ライラック
教材部分以外の本書の無断コピーは，著作権・出版権にふれます。ご注意ください。

Printed in Japan　　　　　　ISBN978-4-18-097014-8

好評発売中 話題の新刊から，ベストセラーまで，英語授業に役立つ瀧沢先生の編著書をご紹介します！

授業をグーンと楽しくする英語教材シリーズ

21 授業を100倍楽しくする！
英語学習パズル＆クイズ
B5判・136頁・2,360円・図書番号 0515

24 5分間トレーニングで英語力がぐんぐんアップ！
中学生のためのすらすら英会話 100
B5判・128頁・2,060円・図書番号 0943

25 1日5分で英会話の語彙力アップ！
中学生のためのすらすら英単語 2000
B5判・132頁・2,060円・図書番号 0970

ビギナー教師の英語授業づくり入門

1 教科書を100％活かす英語授業の組み立て方
A5判・120頁・1,660円・図書番号 7331

2 リズムとテンポをつくり出す英語授業スキル
A5判・160頁・1,860円・図書番号 7332

4 新卒1年目　授業崩壊に至らない必須ワザ 13
A5判・152頁・1,860円・図書番号 7334

5 プロへの道
英語授業の仕事術・マネージメント術
A5判・192頁・2,100円・図書番号 7335

6 生徒が熱中する英語ゲーム 33 の技
―英語ゲームに学ぶプロの技―
A5判・228頁・2,400円・図書番号 7336

7 生徒をひきつける授業の入り方・アイデア事典
A5判・136頁・1,860円・図書番号 7337

8 生徒にゲットさせたい"英語の学習スキル"
―入門期の指導ステップ―
A5判・148頁・1,900円・図書番号 7338

9 あの先生の授業が楽しいヒミツ？
生徒がどんどんノッてくる英語指導の面白アイデア 29
A5判・148頁・1,960円・図書番号 7359

10 中学1年英語授業をリズムとテンポでカッコよくする 50 の方法
A5判・192頁・2,260円・図書番号 7360

11 中学の英文法！
楽しい導入アクティビティ・アイデア集
A5判・176頁・2,260円・図書番号 7367

英語授業改革双書

40 アメリカンスクールの英語学習はここが違う
―ネイティブ英語の教材化と授業ポイント 50―
A5判・196頁・2,200円・図書番号 7190

42 中1英語の授業＆マネージメント術 QA
A5判・160頁・1,900円・図書番号 7192

目指せ！英語授業の達人

21 英語授業のユニバーサルデザイン
つまずきを支援する指導＆教材アイデア 50
B5判・136頁・2,260円・図書番号 0514

22 教科書を200％活用する！
英語内容理解活動＆読解テスト 55
B5判・128頁・2,100円・図書番号 0581

21世紀型授業づくり

87 中学英語 50 点以下の生徒に挑む
A5判・136頁・1,700円・図書番号 7055

103 中学英語！　訳読式授業からの挑戦
―生徒の基礎学力を目指す手立て 50―
A5判・136頁・1,760円・図書番号 7046

111 続・中学英語 50 点以下の生徒に挑む
―生徒の学力を向上させる教師の 9 つの習慣―
A5判・192頁・2,060円・図書番号 7056

中学英文法　定着テスト＆発展・補充ミニ教材集

≫中学1年編
B5判・244頁・3,160円・図書番号 7671

≫中学2年編
B5判・248頁・3,160円・図書番号 7672

≫中学3年編
B5判・256頁・3,200円・図書番号 7673

中学英語　高校入試力に挑む

2 "読解"入試力
A5判・304頁・2,860円・図書番号 7452

小学校英語を楽しく！
"ひとくち英単語"日めくりカード集　3年生用
―日めくりカード CD 付き！―
B5判・120頁・2,400円・図書番号 6877

明治図書　携帯・スマートフォンからは **明治図書 ONLINE へ**　書籍の検索，注文ができます。▶▶▶

http://www.meijitosho.co.jp　＊併記4桁の図書番号（英数字）でHP，携帯での検索・注文が簡単に行えます。

〒114-0023　東京都北区滝野川7-46-1　ご注文窓口　TEL（03）5907-6668　FAX（050）3156-2790

＊価格は全て本体価格表示です。